REVUE AFRICAINE DE DROIT ET D'ÉCONOMIE DU SPORT

Cofondateurs et Directeurs de publication

Jean Jacques NOUYADJAM (Cameroun),
Avocat au Barreau du Cameroun,
Membre de l'Association Française d'Arbitrage,
Membre de l'Association Internationale des Avocats du Football,
Président de l'Association Camerounaise des Avocats en Droit du Sport.

Moustapha KAMARA (Sénégal),
Docteur en Droit du sport,
Avocat du sport au barreau de Marseille et titulaire d'un MBA,
Professeur à l'EAJF de Paris (France).
Professeur associé à EDC Paris Business School.

Anciennement appelée **Revue Camerounaise de Droit du Sport,**
La Revue Africaine de Droit et Économie du Sport
vise non seulement à sensibiliser à travers la mise à disposition de textes relatifs au sport ainsi que des chroniques de législation, mais aussi à introduire dans notre environnement, un débat nourri, à partir de contributions originales sous la forme d'articles de doctrine, commentaires de décisions et pratique ; lesquels contribueront à terme à la professionnalisation du sport en Afrique.

REVUE AFRICAINE DE DROIT ET D'ÉCONOMIE DU SPORT

N°3 AOÛT - SEPTEMBRE 2024

L'Harmattan

5-7, rue de l'École polytechnique, 75005 Paris

www.harmattan.fr

ISBN : 978-2-336-48196-8
EAN : 9782336481968

COMITÉ SCIENTIFIQUE

SOMMAIRE

ÉDITORIAL

DE LA NÉCESSITE D'ELABORER DES CONVENTIONS COLLECTIVES DANS LE DOMAINE DU FOOTBALL EN AFRIQUE : RÉFLEXION A PARTIR DU DROIT CAMEROUNAIS

Par

Gislain Grégory TSASSE SAHA
Maître de Conférences à l'Université de Yaoundé 2,
Coordonnateur de Recherches au Cabinet d'Avocats Nouyadjam & Associates

À la faveur d'un colloque organisé par le cabinet Nouyadjam & Associates en date du 28 avril 2023 à l'hôtel Djeuga Palace (Yaoundé-Cameroun) sur le thème intitulé **« sport et droit social au Cameroun »,** l'une des recommandations phares de cet évènement scientifique avait été de proposer aux acteurs du football, d'engager une réflexion sérieuse en vue de l'élaboration d'une convention collective nationale de footballeurs professionnels au Cameroun. Ce propos vise à relever quelques points majeurs qui militeraient en faveur de la conclusion des conventions collectives dans le secteur du sport en général et du champ professionnel du football en particulier.

À côté du contrat individuel, vit une variété de contrat très présent dans les relations de travail : la convention collective. Il s'agit d'un accord conclu entre un employeur ou un groupement d'employeurs et une ou plusieurs organisation (s) syndicale (s) représentative(s) des salariés en vue de fixer en commun les conditions d'emploi, de travail et de rémunération. Ainsi aux termes des dispositions de l'article 52 alinéa 1 du Code du travail : « ***La convention collective est un accord ayant pour objet de régler les rapports professionnels entre employeurs et travailleurs soit d'une entreprise, soit d'une ou plusieurs branches d'activités (…)*** ». Ce contrat a ceci de particulier qu'il peut obliger certains tiers, au-delà donc des seules parties signataires.

La convention collective s'impose en principe à tous les employeurs affiliés à l'organisation patronale signataire et dont l'activité relève de son champ d'application, mais elle peut aussi s'appliquer en l'absence d'affiliation personnelle de l'employeur dès l'instant où elle a été étendue par le ministre du Travail. La convention collective ne s'incorpore pas au contrat de travail individuel, mais s'applique à lui comme une loi. Malgré l'avènement de la professionnalisation du sport au Cameroun, le phénomène de la négociation collective a malheureusement toujours été ignoré dans l'encadrement juridique de ce domaine d'activité ; et pourtant l'intérêt de cet instrument juridique n'est plus à démontrer. Traditionnellement, la convention collective du travail assure deux fonctions essentielles :

- l'amélioration du statut ou de la condition des travailleurs ;
- la garantie d'une saine et loyale concurrence entre les entreprises ou clubs sportifs notamment par l'égalitarisation des conditions de travail et de rémunération.

La première fonction de la convention collective trouve son fondement à l'article 52 alinéa 2 du code de travail qui dispose : « La convention collective peut mentionner des dispositions plus favorables que celles des lois et règlements. Elle ne peut déroger aux dispositions d'ordre public ». À partir de cette disposition, la consécration de l'ordre public de protection en droit du travail ne fait plus l'objet d'un quelconque doute : la loi ne s'impose que parce qu'elle assure un minimum. Elle peut toujours être écartée lorsque la convention collective accorde plus aux salariés.

S'agissant du contenu minimum d'une convention collective, l'option prise par le législateur a été de déterminer le minimum de questions qu'une convention collective doit traiter. Pour ce faire, l'article 7 du décret n° 93/578 du 15 juillet 1993 fixant les conditions de fond et de forme applicables aux conventions collectives de travail énumère les points à aborder obligatoirement par les partenaires sociaux à savoir :

- le libre exercice du droit syndical et la liberté d'opinion des travailleurs ;
- les conditions d'embauche et de licenciement des travailleurs sans que les dispositions prévues puissent porter atteinte au libre choix du syndicat par le travailleur ;
- la durée de la période d'essai, les conditions et la durée du préavis ;
- l'indemnité de licenciement ;
- la classification professionnelle et la grille de salaire y afférente ;
- l'institution d'une commission paritaire de classement à laquelle sont soumises les contestations individuelles sur la

classification professionnelles des travailleurs ; qui n'auraient pas pu être réglées dans le cadre de l'entreprise ;

- les modalités particulières concernant l'attribution du logement ;
- l'indemnité de déplacement ;
- Les conditions particulières du travail : heures supplémentaires, travail de nuit, du dimanche et des jours fériés, travail par roulement ;
- les majorations de congés pour l'ancienneté ;
- les voyages et les transports qui sont à la charge de l'employeur ;
- l'organisation et le fonctionnement de l'apprentissage et le fonctionnement de la formation professionnelle dans le cadre de la branche d'activité considérée ;
- la procédure de révision, de modification et de dénonciation de tout ou partie de la convention collective.

Il convient de souligner avec emphase que des adaptations pourraient être nécessaires afin de prendre en compte la réalité et la spécificité du droit du sport en général et de celui de football en particulier. Ce faisant, la réglementation FIFA sur le statut et le transfert des joueurs devrait être mise à contribution. Les partenaires sociaux pourraient par exemple y extraire les règles relatives à l'essai sportif, au principe de la stabilité contractuelle, à la juste cause de rupture, aux indemnités de formation et mécanisme de solidarité. La garantie d'exécution de la convention collective réside dans les sanctions prévues en cas de manquements. Ces sanctions s'articulent autour des mesures d'exécution forcée, sanctions financières, sportives et les actions pouvant être intentées étant de nature individuelle ou collective.

La seconde fonction de la convention collective qui vise l'égalitarisation des conditions de la concurrence entre les clubs sportifs met sur la sellette l'intérêt économique desdites conventions collectives. Avec la convention collective, non seulement la Fédération Camerounaise de Football (FECAFOOT) ne serait plus fondée à déterminer les salaires minima des joueurs professionnels intervenant dans les compétitions sportives qu'elle organise, mais également la détermination desdits salaires ne sera plus pour les patrons de clubs, l'occasion de surenchères coûteuses ou de chantages à l'égard des joueurs. Le marché du travail sera désormais assaini par des règles de jeu loyales et l'employeur qui fautivement violera lesdites règles en ne consentant pas à son personnel les conditions de travail et de rémunération prévues par le texte, s'exposera à une action en dommages et intérêts, forme particulière de l'action en concurrence déloyale appliquée à la relation de travail.

De plus, lorsque de la convention collective a une large portée ; ce qui est notamment le cas lorsqu'elle a fait l'objet d'une extension, et régit l'intégralité des employeurs et des employés d'une branche d'activité déterminée ou d'un secteur économique, la disparition complète de la concurrence aboutit à un équilibre de force entre les partenaires sociaux engagés. En droit camerounais du travail, l'extension d'une convention collective trouve son fondement dans les dispositions de l'article 55 du code de travail qui prévoient : « En cas d'inexistence ou de carence des organisations syndicales d'employeurs ou de travailleurs se traduisant par une impossibilité persistante de conclure une convention collective dans une branche d'activité ou pour une profession déterminée, un décret pris après avis de la commission nationale peut, soit réglementer les conditions de travail et fixer les classifications professionnelles ainsi que les salaires minima pour cette branche ou cette profession, soit y rendre applicables, en totalité ou en partie, les dispositions d'une convention collective en vigueur dans une branche relevant du même secteur économique ».

Au demeurant, il ne fait plus de doute, à travers ces quelques lignes que l'élaboration des conventions collectives dans le domaine du football devrait pouvoir constituer un atout inestimable de stabilité économique et de progrès social des protagonistes des relations de travail engagés dans cette discipline sportive. Cette problématique pertinente de l'intérêt des conventions collectives dans le milieu du football ne saurait cacher une autre qui lui est connexe mais non moins importante à savoir la procédure d'élaboration de cet instrument juridique. Elle fera l'objet de nos recherches à venir.

Bonne lecture !

DOSSIER THEMATIQUE :

« SPORT ET DROIT SOCIAL AU CAMEROUN »

L'EXÉCUTION DU CONTRAT DE TRAVAIL PAR LE SPORTIF

Par

Monique Aimée MOUTHIEU épouse NJANDEU

Agrégée des Facultés de Droit

Professeur à l'Université de Yaoundé II

Résumé

Au fil des temps, l'activité sportive est passée d'une réalité essentiellement ludique[1] à une activité économique. Elle se singularise par des traits caractéristiques qui ont une incidence sur les relations contractuelles qu'elle peut engendrer : il en est ainsi du contrat de travail du sportif. La professionnalisation de l'activité sportive met ses pratiquants dans la posture de salariés, c'est-à-dire de débiteurs de prestations de travail à l'égard de leurs employeurs qui sont les clubs, contre rémunération. Cependant, il ressort de l'analyse de l'exécution du contrat de travail par le sportif, dont les modalités ont été questionnées, qu'elles sont régulées à la fois par les règles communes de droit du travail et celles issues des réalités sportives. Cette dualité normative, perceptible tant en période compétitive qu'en dehors de celle-ci, invite à une féconde et harmonieuse coordination, seul gage de la sécurité juridique du sportif salarié.

Mots clés : Exécution, contrat de travail, sportif

---

[1] En effet, le sport était considéré comme un simple jeu. Et même le dictionnaire Larousse l'appréhendait comme « *une nombreuse série d'amusements, d'exercices et de simples plaisirs, qui abordent une certaine notion du temps des hommes riches et oisifs* », et excluait du champ de l'amusement la notion de travail ou de rémunération : Voir, GAILHBAUD (Ch.), « *Le droit du travail dans le sport, le droit du travail à l'épreuve des aléas sportifs* » consulté sur le site laboratoire-droit-sport, 2008, p. 1.

Introduction

L'établissement des rapports individuels de travail entre un employeur et un salarié résulte du recrutement de ce dernier par l'employeur, sur la base d'un contrat de travail. Le contrat de travail est une convention par laquelle un travailleur s'engage en contrepartie d'une rémunération, à mettre son activité professionnelle sous l'autorité et la direction d'une personne physique ou morale, publique ou privée ; celle-ci étant considérée comme employeur[2]. Il s'agit d'un contrat répondant à un certain nombre de critères qui le singularisent d'autres contrats avec lesquels des similitudes sont avérées.

L'on est en présence d'un contrat de travail lorsqu'il y a cumul de trois critères : l'existence d'un lien de subordination, l'accomplissement d'une prestation de travail (qui peut être matérielle, physique, intellectuelle), et le paiement d'une rémunération. Le lien de subordination permet d'établir la distinction entre le contrat de travail, le contrat d'entreprise[3] et le contrat de mandat[4]. Il autorise l'employeur à définir le travail, à donner des ordres et à contrôler la mission qui revient au salarié. Le caractère onéreux du contrat de travail le distingue du bénévolat ou du contrat de bienfaisance, en ce sens que le travail fourni par le salarié doit donner lieu à une rémunération. Contrairement au travailleur indépendant, le salarié exerce sa prestation de travail pour le compte d'autrui, son employeur. Les contrats de travail touchent à divers secteurs d'activités au nombre desquels figure le sport.

---

[2] Article 23 (1) Code du travail camerounais.

[3] Le contrat d'entreprise est celui par lequel un entrepreneur s'oblige à exécuter un travail pour le compte d'un maître moyennant une rémunération, tout en conservant son indépendance dans l'exécution du travail. Le critère de subordination fait défaut ici.

[4] Le contrat de mandat confère à une partie, le mandataire, le pouvoir de poser des actes juridiques pour le compte d'une autre appelée mandant. Certes, le mandataire est tenu de respecter la volonté du mandant, mais l'existence d'instruction n'entraîne pas automatiquement un rapport de subordination. Le mandataire bénéficie d'un large pouvoir d'initiative dans l'exécution du mandat qui lui est confié. En outre, il faut observer que le mandat est en principe gratuit ; contrairement au contrat de travail qui est toujours conclu à titre onéreux.

Originairement, l'activité sportive ressortit au bénévolat[5]. Cette réalité de base allait très vite être battue en brèche par l'avènement du capitalisme et la découverte du potentiel économique du sport[6]. L'évolution de l'activité sportive, dans le temps en effet, a coûté à celle-ci la perte de son sens exclusivement ludique[7] au profit de celui d'activité économique. Ce qui s'illustre par l'existence de la compétitivité dans son champ, couplée à la professionnalisation de l'activité[8]. Il ressort de la triangulation des études sur la professionnalisation du sport qu'elle est un processus évolutif qui passe par des changements économiques, juridiques et structurels[9]. C'est donc à juste titre que l'on peut affirmer que la professionnalisation du sport est le processus par lequel le sport est érigé en secteur professionnel autonome et spécial ; par la conjonction de facteurs

[5] M. FALCOZ et E. WALTER, « Travailler dans un monde de bénévoles : limites et contraintes de la professionnalisation dans les clubs sportifs », Revue internationale de l'économie sociale, 2007, 306, 78-91.

[6] F. ALAPHILLIPPE, « Sport et droit des affaires », Présentation générale, in E. BOURNAZEL (dir.), *Droit d'expression et d'inspiration française : sport et droit*, 27ème congrès de l'institut de droit d'inspiration et d'expression française, Le Caire, 2000, Bruxelles, Bruylant, 2000, pp. 327-331 ; R. DOMINGUES, *Le transfert des sportifs*, Thèse de droit, Université Aix-Marseille, 2014, p. 13 et s.

[7] A. SAKHO, M. SELLY, M. KAMARA, *Sport et contrat de travail*, L'Harmattan-Sénégal, 2013, p. 7.

[8] Ce mouvement de professionnalisation du sport auquel l'on assiste depuis quelques années renvoie à la rémunération du sportif par un employeur sous l'autorité duquel il est placé. Au Cameroun, le processus de professionnalisation du sport a débuté en 1996 avec l'adoption de la Loi n° 96/09 du 5 août 1996 fixant la charte des activités physiques et sportives. L'avènement de la Loi n° 2011/018 du 15 juillet 2011 relative à l'organisation des activités physiques et sportives consolide les acquis de sa devancière, et a l'insigne mérite de consacrer l'existence des métiers du sport.

[9] R. BINOMO, « Infrastructures sportives et professionnalisation des Clubs de football », Revue internationale de gestion et d'économie, série A — gestion/n° 9 — vol 2 — juillet 2020, pp. 66-115 ; A. HAUMONT, *Quelle est la forme optimale pour organiser les clubs de football et les compétitions ?* Mémoire de master, Université de Liège, 2016, 55 pages ; N. DERMIT-RICHARD, « L'évolution juridique des clubs de football : de l'association à la société commerciale », RIMHE, 2013/2, n° 6, Vol. 2, pp. 36-51 ; S. ROUZIC, *Les logiques de professionnalisation des entraîneurs sportifs : entre modèles socioculturels et profils individuels*, Thèse, Sciences de l'éducation, CNAM, 372 pages ; A.C. SOUMELONG, *Le statut juridique des clubs de football au Cameroun*, Mémoire CAPEPS, INJS, 2012, 91 pages ; D. DEMAZIERE, F. OHL et O. Le NOE, « La performance sportive comme travail », disponible sur http://dx.doi.org/10.1016/j.soctra.2015.09.001. Consulté le 29 octobre 2021.

juridiques, économiques et structurels. Elle implique entre autres la restructuration des clubs[10], le développement des infrastructures modernes, l'inéluctable recours au contrat de travail[11] et l'émergence de la catégorie juridique « sportif salarié »[12].

Le sport professionnel renvoie donc à une activité économique étroitement liée aux impératifs et aux aléas de la compétition sportive ; dont la nature et les conditions d'exercice ont une incidence nécessaire sur les conditions d'emploi, de travail et de rémunération, ainsi que les garanties sociales à définir pour les salariés[13]. Aussi, comme toute autre activité économique, le sport ne saurait échapper à la nécessité d'un encadrement juridique de même que les différents liens contractuels qu'il peut engendrer tel le contrat de travail[14]. À preuve, le Code du

---

[10] G. FONTANEL, *Les transformations structurelles des clubs sportifs : recherche d'un cadre d'analyse approprié à leur gestion*, thèse, science de gestion, Université de Lyon III, 2007, 428 pages. ; O. TADO, « Les formes d'organisation de clubs sportifs et leur évolution au Cameroun », SHS Web of conferences 32, 02002, 2016, in États des recherches sur le sport et l'olympisme au Cameroun (1963-2013), 20 pages.

[11] J.T. KOUMENI TCHOUPE, « Le contrat de travail du footballeur camerounais », *Revue camerounaise de droit du sport*, vol.1, n° 001, juillet-décembre 2020, p. 99 et s. ; Ch. GAILHBAUD, « Le droit du travail dans le sport, Le droit du travail à l'épreuve de l'aléa sportif », consulté sur le site laboratoire-droit-sport.fr ; L. LEROUGE et F. MANDIN, « Travail et protection sociale au bénéfice du sportif : Étude comparée France, Italie, Royaume-Uni », *Bulletin de droit comparé et de la sécurité sociale*, Université de Bordeaux, COMPTRASEC, 2010, pp. 93-113.

[12] On peut y ranger toute personne qui pratique des exercices physiques et intellectuels codifiés se matérialisant sous forme de jeux individuels ou collectifs, pouvant donner lieu à des compétitions sous l'autorité et la subordination d'un club sportif contre rémunération. Voir en ce sens, l'article 10 paragraphe 24 de la Loi n° 2018/014 du 11 juillet 2018 portant organisation et promotion des activités physiques et sportives au Cameroun sur la définition du sport ; l'article 2 du Code du travail camerounais relatif à la définition du salarié. En doctrine, voir : X. AUMERAN, *La protection sociale du sportif salarié*, Thèse, droit, Université Jean-Moulin-Lyon III, 2016, p. 6. ; C. BIDEGARAY et G. MARTIN, « Le sportif : définition et typologie », in *Les problèmes juridiques du sport, le sportif et le groupement sportif, Colloque Centre d'études administratives*, Nice, 18-19 oct. 1979, Economica, 1981, p. 33 ; J.M. MARMAYOU, « Définir le sport », Gaz. Pal., 19 oct. 2008, p. 9.

[13] Définition tirée du préambule du chapitre 12 portant sur le sport professionnel de la Convention collective nationale du sport français *in* Ch. GAILHBAUD « Le droit du travail à l'épreuve de l'aléa sportif », *Laboratoire de droit du sport*, 2008, p. 3.

[14] Il faut distinguer les contrats de travail des sportifs, et les contrats entre sportifs et un employeur dans le but d'exploiter commercialement leurs images qui ne sont pas assimilables aux contrats de travail.

travail[15] et la loi n° 2018/014 du 11 juillet 2018 portant organisation et promotion des activités physiques et sportives au Cameroun[16]. Indifféremment de l'activité et sans toutefois omettre l'existence de certaines spécificités qui s'y attachent, les critères de définition ou d'identification du contrat de travail demeurent les mêmes qu'en droit commun du travail[17].

Le contrat de travail — à l'instar de l'être humain — naît, vit et meurt. La naissance renvoie ici à la conclusion du lien contractuel, la vie à son exécution et la mort à son extinction. L'exécution c'est l'accomplissement, par le débiteur, de la prestation due ; plus généralement, c'est la réalisation effective des dispositions d'une convention[18]. L'exécution du contrat peut être appréhendée comme l'échange ou la fourniture des prestations issues des obligations contenues dans le contrat. Relativement au contrat de travail, son exécution engendre des obligations réciproques à l'égard des parties qui sont le club et le sportif[19], du fait qu'il est un contrat synallagmatique. Cependant, l'intitulé du sujet invite à structurer l'analyse uniquement sous le versant de l'exécution du contrat de travail de la part du sportif.

En apparence similaire à toute relation de travail, en ce sens qu'il cumule les principales conditions à travers lesquelles un tel lien contractuel s'identifie, l'on peut en déduire que le contrat de travail du sportif répond aux mêmes exigences exécutoires[20]. Néanmoins, les

---

[15] Le droit du travail s'applique lorsqu'il existe un lien de subordination entre l'employeur et le salarié indifféremment du domaine d'activité : Cass. soc 13 nov. 1996, n° 94-13187, RJS 12/96, n° 1320.

[16] Cette loi détermine la forme juridique des clubs sportifs, réglemente leur financement, règle la question du financement privé du sport avec les recours aux techniques tels le sponsoring et le mécénat sportif, et surtout confirme l'existence de l'emploi des sportifs ou du salariat sportif en ces termes : « le club sportif professionnel emploie des sportifs professionnels contre rémunération fixée d'accord parties » (article 40 [1] loi de 2018).

[17] À savoir l'existence d'un lien de subordination, l'accomplissement d'une prestation de travail par le sportif, et enfin le paiement d'une rémunération.

[18] G. CORNU, *Vocabulaire juridique*, Association Henri Capitant, PUF, 10ème éd. 2014, p. 429.

[19] La conséquence est que l'une des parties peut invoquer l'inexécution par l'autre de son obligation pour se soustraire à la sienne.

[20] Comme tout salarié, le sportif est tenu à : une obligation matérielle qui consiste à exécuter la prestation de travail convenue ; et à une obligation morale qui se subdivise en obligation d'obéissance, de respect et de courtoisie, en obligation de non-

caractéristiques spécifiques de l'activité sportive apportent à ce dernier une particularité certaine qui conduit à interroger son exécution : **quelles sont les modalités d'exécution du contrat de travail par le sportif ?**

L'activité sportive étant une activité professionnelle incontestable de nos jours, elle est soumise aux dispositions du Code du travail et à celles qui lui sont spécifiques. L'on comprend alors qu'une réflexion sur le sujet présente un intérêt avéré au vu de l'impact dont elle témoigne, et de la pluralité de litiges qui peuvent en découler. Sous le versant théorique, le sujet oriente vers une clarification des concepts, mieux, vers le décryptage de l'assiette de l'exécution du contrat de travail dans le domaine de l'activité sportive ; en vue de cerner finalement les obligations incombant au salarié particulier qu'est le sportif. Sur le plan sociopratique, l'élaboration de cette analyse servira de boussole aux sportifs et bien plus, facilitera l'appropriation de leurs obligations dans le cadre de leur relation contractuelle avec leurs clubs. Cela précisé, l'exécution du contrat de travail par le sportif sera appréhendée dans ses différentes modalités à savoir : en période compétitive (I), et en période extracompétitive (II).

I – L'exécution du contrat de travail en période compétitive

La période compétitive est une phase pendant laquelle est organisée une épreuve (ou un ensemble d'épreuves) mettant en concurrence des athlètes dans une discipline sportive. Au cours de celle-ci, un certain nombre d'obligations propres au contrat de travail en matière sportive incombe au sportif. De manière générale, il s'agit des obligations matérielles d'une part (A), et des obligations relatives à la représentation de son employeur et de ses partenaires d'autre part (B).

---

concurrence, de conscience professionnelle, de conserver le secret professionnel et d'observer la discipline de l'entreprise.

A- Les obligations matérielles

En période de compétition, le sportif est tenu par un ensemble d'obligations d'ordre matériel à contenu varié. Celles-ci sont relatives à l'exercice de son activité sportive d'une part (1), et à l'entretien de sa forme physique d'autre part (2).

1- Les obligations relatives à l'exercice de l'activité sportive

Exécuter un contrat rend le sportif débiteur de prestations envers son cocontractant, et créancier des prérogatives qui lui sont reconnues. Contrairement au contrat de travail ordinaire, dont l'exécution repose sur un corps d'obligations qui pourraient être qualifiées de figées dans le cadre du sport, lesdites obligations s'accommodent aux périodes propres au domaine. Ainsi en période compétitive, le sportif est tenu par son obligation contractuelle principale (celle de fournir une prestation de travail ; et par un ensemble d'obligations sous-jacentes à celle-ci, notamment l'obligation de se préparer et de participer à ladite compétition.

Le sportif est tenu de mettre son potentiel physique, ses acquis — aussi techniques que tactiques —, et ses compétences à la disposition de son employeur ; cela le temps de préparer et de réaliser une compétition. En principe, il s'agit des obligations de moyens comme ceux d'un arbitre pour la plupart. Le sportif est tenu en effet d'utiliser toutes ses ressources, en vue d'accomplir la tâche qui lui incombe. C'est dire qu'aussi catastrophiques[21] que puissent être les résultats sportifs, ceux-ci ne sont pas susceptibles d'être caractérisés de faute grave pouvant justifier une rupture du lien contractuel.

Dans le domaine du football, le joueur est tenu — conformément à l'article 12 (1a) du Règlement du statut du joueur fédéral — de « participer aux matchs de son club pour lesquels il est sélectionné, en donnant le meilleur de lui-même ». Il ressort de cette disposition que la participation à la compétition est conditionnée par

---

[21] R. COGNARD, « Les contrats de travail dans le sport et l'e-sport », Juris édition Dalloz, mars 2022, p. 83.

l'employeur. Une fois celle-ci acquise, le sportif est dans l'obligation de fournir une prestation de qualité. Il ne s'agit pas simplement de pratiquer son activité sportive dans la mesure du possible ; mais à la hauteur de ses acquis, de son potentiel et de sa compétence. Pour réaliser une prestation de qualité lors des compétitions, le sportif a en outre l'obligation de participer à la compétition proprement dite ; ainsi qu'à toutes préparations relatives à celle-ci.

Le caractère spécifique de l'activité sportive se dévoile à travers la nécessité continuelle de préparation qu'elle exige aux pratiquants, notamment en période compétitive. C'est ainsi qu'un sportif qui manifeste un refus de participation aux entraînements, ou bien à la compétition, ou aux rencontres proprement dites, manque à un pan de son obligation principale de mettre son activité à la disposition de son employeur. Comme dans tout autre contrat, le manquement à l'obligation principale est assimilable à une faute lourde[22] pouvant aboutir à un licenciement[23]. Dans un souci d'adaptation, les clubs procèdent le plus souvent à des mises à pied assorties d'une retenue de salaire, pratique qui s'avère légitimée par le droit du travail[24]. Il faut souligner que le plus souvent, de tels refus sont des manœuvres dolosives utilisées par des sportifs pour quitter un employeur — au profit d'un autre — avant l'échéance de leur contrat.

Fournir une prestation sportive de qualité, et mettre à disposition de son employeur son expertise et son potentiel, imposent au sportif d'entretenir au préalable sa forme physique.

---

[22] A.SAKHO, M.SELLY, M. KAMARA, *Sport et contrat de travail*, L'Harmattan-Sénégal, 2013, fiche 19, p.103.

[23] La faute lourde est une faute d'une extrême gravité qui rend intolérable le maintien des relations de travail, et justifie le licenciement immédiat du travailleur sans préavis. Elle se distingue de la faute grave qui elle aussi, rend intolérable le maintien des relations de travail, et justifie le licenciement ; mais pas un licenciement immédiat, car un préavis est nécessaire.

[24] En effet, l'article 30 (2) du Code du travail dispose que « la seule sanction fondée sur le pouvoir disciplinaire de l'employeur qui puisse entraîner la privation de salaire est celle de la mise à pied qui entraîne l'absence de prestation de travail ».

2- Les obligations relatives à l'entretien de la forme physique

Préserver la santé d'un sportif est non seulement primordial, mais bien plus très affirmé en période compétitive ; car il s'agit là d'une condition considérée comme *sine qua non* à la réalisation de son obligation principale de prestation de service. Un sportif ne peut mettre ses compétences et son potentiel à la disposition de son employeur lors d'une compétition, que si celui-ci est en pleine possession d'un bon état de santé. Aussi, lui incombe-t-il d'entretenir sa forme physique.

Cette exigence entre dans le vaste champ de l'obligation de respecter une saine hygiène de vie. Celle-ci s'illustre très souvent en pratique sous forme de « clause dite d'hygiène de vie », qui revêt un caractère obligatoire pour les sportifs. L'entretien de leur condition physique — et par-delà, l'optimisation de leur performance sportive — passe par le respect de cette clause[25]. Bien que portant atteinte à la liberté individuelle du salarié, cette clause — qui est justifiée en l'espèce par le but à atteindre — se doit d'être proportionnelle. Préserver son hygiène commande très souvent au sportif de s'abstenir de la pratique de certaines activités dangereuses ; afin d'écarter le risque de blessures dans le cadre de sa vie personnelle, etc.

Préserver son hygiène de vie conduit également à interdire au joueur de recourir au dopage. Le dopage, selon l'article 10 du chapitre 3 de la loi n° 2018/014 du 11 juillet 2018 portant organisation et promotion des activités physiques et sportives au Cameroun, est « une utilisation de substances ou procédés non autorisés par la règlementation sportive de nature à modifier artificiellement les capacités d'un sportif, ou à masquer l'emploi des substances ou procédés ayant cette propriété, dans le but d'améliorer sa performance sportive ou d'obtenir des résultats sous influence desdits éléments »[26].

---

[25] D. DEMAZIERE, F. OHL et O. Le NOE, « La performance sportive comme travail », disponible sur http://dx.doi.org/10.1016/j.soctra.2015.09.001. Consulté le 20 avril 2023.

[26] Dès 1965 avec la loi du 01 juin 1965 relative à la répression de l'usage des stimulants à l'occasion des compétitions sportives, la France interdit le dopage dans les compétitions professionnelles. Ensuite, il est créé dès 1999 une agence mondiale antidopage dans le but de coordonner la lutte contre le dopage dans les compétitions internationales.

En matière de football, les joueurs sont conformément à l'article 12 (1 l) du Règlement du statut du joueur fédéral, dans l'obligation de se soumettre à un contrôle antidopage. Cette pratique constitue une cause de rupture du contrat de travail pour faute grave ; bien plus, si l'obligation est stipulée de manière expresse dans le contrat de travail. Car il s'agit là d'une entrave à l'éthique sportive, et à l'obligation contractuelle de loyauté[27]. En effet, outre le fait qu'il s'expose à d'éventuelles poursuites pénales, une procédure disciplinaire en vue de rompre le contrat de travail du sportif pratiquant le dopage est possible ; à condition que son employeur dispose des preuves très fortes. La décision de l'employeur doit tenir compte des éléments de preuve à sa disposition, de la durée restante du contrat du mis en cause, et du préjudice d'image pouvant résulter d'une absence de rupture. On le voit bien, l'employeur se doit de peser le pour et le contre en rapport avec une rupture anticipée du contrat de travail fondée sur les soupçons de dopage avant de faire un arbitrage.

Le non-respect d'une hygiène de vie de qualité, voire la fragilisation ou la négligence de son hygiène vitale, est considéré comme une faute ; traduction d'un manquement du sportif à ses obligations contractuelles[28]. Les législations sportives[29] à ce sujet vont jusqu'à poser l'exigence selon laquelle en cas de problème sanitaire, les consultations et traitements du médecin du club sont prioritairement sollicités avant tout autre[30].

En somme, le contrat de travail du sportif requiert en plus d'une prestation ou tâche donnée, que le sportif mette à disposition de son employeur ses connaissances innées, celles acquises et à acquérir. Il ne se limite pas aux connaissances nécessaires pour une prestation précise, comme dans le droit commun des liens contractuels. À cela, s'ajoute

[27] A. SAKHO, M. SELLY, M. KAMARA, *Sport et contrat de travail*, *op.cit.*, p. 85-86.
[28] Il est clair qu'un sportif qui n'est pas en santé ne peut faire une compétition, ce qui constitue une entrave à l'exécution de son contrat de travail.
[29] C'est le cas des footballeurs conformément à l'article 12 du règlement du statut du joueur fédéral.
[30] En outre, le sportif se doit de déclarer les différents traitements qu'il a pu recevoir à l'extérieur. Ce qui nécessite au préalable une clause d'information de la structure médicale du club dans le contrat, et renforce d'ailleurs le caractère obligatoire de l'exigence.

l'obligation d'être présent aux évènements. Pour les footballeurs en l'occurrence, outre leur présence aux compétitions, il leur est recommandé d'adopter un comportement sportif à l'égard des adversaires et coéquipiers conformément au règlement du statut du joueur fédéral.

Lors d'une compétition, le sportif est dans l'obligation d'y participer en fournissant une prestation de travail de qualité ; tout en respectant les mesures concourant à la préservation de son hygiène de vie. Par ailleurs, il est astreint à l'obligation de représentation.

B- **Les obligations liées à la représentation**

Le sportif peut la plupart de temps — et bien plus en période de compétition — être assimilé à un représentant de son club, voire de ses divers partenaires. C'est en ce sens qu'il lui incombe l'obligation du port des équipements du club (1), et d'autres obligations tenant à son statut de « personnalité publique » (2).

1- L'obligation du port des équipements

Dans l'exécution du contrat de travail en marge de la pratique de son activité sportive, le sportif se doit de représenter son employeur par le biais des équipements que ce dernier lui procure[31]. À cet effet, le sportif s'engage à utiliser les équipements sportifs fournis par son employeur ; sauf ceux pouvant avoir une incidence matérielle sur sa performance en raison de leurs caractéristiques techniques particulières. Ces équipements portent le nom d'équipements spécialisés, et le sportif a la liberté d'arborer ceux de la marque de son choix. C'est le cas par exemple des chaussures dans le cadre du football.

Cette obligation nécessite au préalable l'introduction expresse d'une clause dans le contrat. Ainsi, la plupart des clubs garantissent à

---

[31] En effet, il serait mal perçu pour un sportif de porter des équipements fournis par une marque concurrente. C'est pourquoi dans beaucoup de contrats sportifs, figurent une ou plusieurs clauses visant à limiter la liberté du choix des équipements pour les joueurs.

leurs équipementiers ou parrains que l'ensemble de ses salariés portera les équipements fournis avec les marques qui y sont apposées ; autant dans les compétitions, les entraînements, les conférences de presse et bien d'autres rencontres. Le sportif remplit à côté de ses obligations sportives professionnelles, celles d'ordre commercial. Il s'ensuit que lors d'une compétition, un sportif qui porte un équipement autre que celui procuré par son employeur, ou une marque autre que celle reconnue par le club, s'expose à une sanction.

En fin de compte, l'exécution du contrat portant sur la représentation du club et de ses divers partenaires (particulièrement en matière compétitive) est axée sur la tenue vestimentaire du sportif. L'obligation avons-nous vu, n'est pas imposée. Elle doit être au préalable expressément inscrite dans une clause contractuelle. Cependant, le port des équipements n'est pas l'unique moyen de représentation du club par le sportif. À cela, s'ajoute un certain nombre d'obligations.

2- Les obligations tenant au statut de « personnalité publique »

Représenter son employeur et ses partenaires passe par la participation aux manifestations commerciales qu'ils organisent, et par l'exploitation de l'image du sportif au bénéfice du club et de ses partenaires.

Le sportif dans le cadre d'un contrat de travail peut être tenu d'assister à un nombre déterminé de manifestations, de relations publiques organisées par son employeur au cours de chaque saison sportive. Il s'engage en effet à être à disposition du club, à assister et à participer à tout évènement organisé par le club dans le but d'assurer sa promotion. L'éventualité que son obligation de participation s'élargisse vers des évènements organisés par un autre édifice est envisageable ; pour cela, le sportif doit au préalable être informé conformément au délai conventionnel prévu.

La pratique à titre professionnel du sport fait des sportifs des personnalités publiques. Elle leur confère une certaine notoriété qui s'avère bénéfique sur le plan économique. L'utilisation d'un sportif —

ou même son image pour une publicité — peut produire d'énormes gains qui profiteraient au club d'un point de vue économique ; mais aussi sur le plan d'une visibilité plus avérée[32]. À ce titre, le contrat devrait prévoir un régime d'exploitation d'image du sportif pour éviter d'éventuels litiges[33]. L'image est appréhendée dans un sens large comme l'ensemble des attributs de la personnalité du sportif (c'est-à-dire la silhouette, le nom, la voix, l'image, la signature), permettant de le singulariser. Pour que l'employeur puisse exploiter l'image du sportif, son accord préalable est nécessaire ; exception faite dans le cadre de l'exploitation de l'image collective associée [34] qui est libre.

L'exclusivité des obligations du sportif ne se limite pas à la période compétitive. À l'issue tout comme en amont de celle-ci, ce dernier est tenu d'exécuter son contrat de travail.

II – L'exécution du contrat en période extracompétitive

Les activités sportives en l'absence de compétition sont certes interrompues, mais pas achevées. À cet effet, le sportif demeure assujetti à certaines obligations connexes propres à chaque période extra compétitive rentrant également dans le cadre de son lien contractuel de travail (A), de même qu'en période de suspension éventuelle du contrat[35] (B).

---

[32] Dans ce sens, il peut être inséré dans le contrat une clause limitant la liberté des sportifs quant à l'exploitation de leur image. Notamment, il peut leur être interdit d'utiliser leur image pour faire la promotion des marques concurrentes, ou concurrentes à l'esprit du club qu'ils représentent.

[33] Pour cela, il serait judicieux que l'employeur soit assisté d'un spécialiste : Voir, A. SAKHO, M. SELLY, M. KAMARA, *Sport et contrat de travail*, *op. cit.*, p. 112-113.

[34] C'est la reproduction sur un même support d'une manière identique ou similaire de l'image de 50 % de l'effectif présent sur le terrain pour la discipline considérée.

[35] La suspension du contrat est une spécificité des contrats à exécutions successives, à l'instar du contrat de travail. Mais elle ne met pas un terme à la relation de travail entre les parties, comme le ferait une résiliation. À l'issue de l'évènement qui a engendré la suspension de l'exécution du contrat de travail, celle-ci reprend son cours normal.

La suspension du contrat de travail est définie comme « l'interruption de l'exécution du contrat de travail, sans que l'existence du contrat lui-même en soit affectée ; il en est ainsi lorsque l'impossibilité d'exécution n'a qu'un caractère temporaire (maladie, difficultés d'approvisionnement), si les parties n'ont pas manifesté expressément une

A- Les obligations connexes du sportif en période extracompétitive

En l'absence de compétition, l'on peut être tenté de penser que le sportif est libre de tout engagement envers son club. Que non ! Son contrat de travail n'étant pas résilié, le sportif est tenu à des obligations propres à la période d'intersaison (1) ; ainsi qu'à celles de la période exclusive d'entraînement (2).

1- En période d'intersaison

La période d'intersaison est celle comprise entre la fin de la participation aux compétitions officielles de la saison en cours, et le début de la participation aux compétitions de la saison suivante. Des domaines tels que le football détermine expressément la période en plafonnant sa durée. La durée minimum d'une intersaison est de trente jours à compter de la fin de la saison en cours. Elle est constituée des périodes de congés payés, de préparation physique individuelle, et de préparation sans matchs officiels.

La constitution de la période d'intersaison esquisse elle-même les diverses obligations des parties. Il incombe au sportif de participer à sa préparation physique individuelle, ce qui est possible au sein et en dehors du club. Un manquement à cette prescription l'expose aux sanctions applicables en cas de non-respect de l'obligation de respect d'une hygiène de vie d'une part, et d'entraînement d'autre part (car il s'agit là d'une dérivée de celle-ci). Dans ce sens, un refus du sportif de prendre part aux entraînements est un manquement à son obligation principale de mettre son activité à la disposition de son employeur.

Il s'expose dans le pire des cas à un licenciement, dans la mesure où l'on est en présence d'une faute lourde. Cependant, au vu de la récurrence de tels gestes, le constat a été fait qu'il s'agit très souvent d'une manœuvre dolosive orchestrée par le sportif dans le but de

---

volonté de résilier le contrat, ou si la loi le prévoit (grève, femme enceinte) » : G. CORNU, *Vocabulaire juridique*, 10ème éd., 2014, p. 1007.

rompre son contrat pour entamer un autre. Ce qui rend cette sanction inadaptée.

En l'absence de compétition, le sportif demeure assujetti à des obligations relatives à l'exécution du contrat en période d'entraînement exclusif.

2- En période exclusive d'entraînement

La période d'entraînement est celle au cours de laquelle un ensemble de méthodes et d'exercices physiques — visant l'entretien et l'amélioration de performances sportives — est pratiqué. Elle comprend de manière générale une préparation physique, technique, tactique et mentale. Dans un contrat de travail sportif, la réalisation de l'obligation principale du sportif[36] passe par son employeur ; bien que lui incombant personnellement. Mettre son activité à la disposition de l'employeur contre rémunération nécessite pour le sportif des préparations préalables.

Pour le maintien de leur potentiel, de leur expertise dans l'activité sportive qu'ils pratiquent, les sportifs, même en l'absence d'éventuelles épreuves, se doivent de participer aux entraînements. Il s'agit là de leur obligation principale en cette période ; toute absence devant être justifiée ou justifiable sous peine de sanction[37].

La reprise d'entraînement à l'issue des compétitions n'est pas en reste dans l'exécution du contrat. L'employeur est tenu d'informer, par un courrier remis en main propre avec signature contre récépissé, le sportif de la reprise. Sous réserve d'un accord avec ce dernier, la date de reprise des entraînements est commune lorsqu'il a notamment des coéquipiers. Dans un sport collectif en effet, l'exclusion d'un sportif des entraînements peut être assimilée à un manquement de son employeur à son obligation de fournir du travail à son salarié[38]. Ce qui constitue une faute grave et autorise le sportif s'il le souhaite, à procéder

---

[36] Mise à disposition de son employeur ses performances et son activité.

[37] En effet, un sportif qui fait défaut aux entraînements manque à son obligation principale de fournir une prestation de travail à son employeur.

[38] Soc. 14 janv. 2004, n° 01-40.489, Dr. soc. 2004. 306, obs. Ch. RADE ; RJ éco. Sport 2004, n° 71, obs. J. BARTHÉLEMY.

unilatéralement à la rupture du contrat. En effet, l'entraîneur ayant reçu l'ordre de ne plus l'entraîner, le joueur ne bénéficie plus par conséquent que d'un entraînement physique individuel par exemple.

Participer aux entraînements et à la préparation des épreuves est accessoirement complété par l'obligation de ponctualité auxdits entraînements. Lors de leur déroulement, le sportif est tenu de respecter les instructions de l'entraîneur qui est hiérarchiquement lié à la personne de l'employeur[39]. La substitution de l'entraîneur à l'employeur n'exclut pas le lien de subordination envers lui et la direction technique du club, indépendamment du fait que ces entraînements soient individuels ou collectifs. Ce lien subsiste en cas de suspension du contrat.

B- Les obligations du sportif en période de suspension du contrat[40]

Indifféremment de la durée d'un contrat de travail, son exécution peut rencontrer des évènements pouvant modifier les conditions d'exercice. Il s'agit des évènements inévitables dans un contrat à exécutions successives, qui peuvent émaner du sportif (1) ou de son employeur (2).

---

[39] Voir, M. A. MOUTHIEU NJANDEU, « La mutation du pouvoir hiérarchique dans les nouvelles formes de travail a-t-elle sonné le glas du lien de subordination ? », in *Revue scientifique du CRADAT*, Volume 3, 2020, pp. 17-33.

[40] Il est interdit à un sportif de se lier avec un nouvel employeur pendant la période de suspension du contrat. Cette clause oblige le sportif à ne pas prendre un autre engagement salarié avec un nouveau club pendant une période bien définie. Ainsi, la Cour de Justice des Communautés européennes avait admis la validité de cette clause dans une affaire impliquant la fédération internationale de basket-ball, qui refusa d'enregistrer le contrat du joueur finlandais LEHTONEN. En effet, ce dernier avait quitté son club avant la fin de son contrat, et voulait signer un autre avec un club belge au motif que le délai de transfert commun aux autres domaines sportifs avait expiré. C'est alors qu'elle lui a rappelé que dans le basket-ball, les délais de transfert sont définis par la fédération internationale de basket-ball : CJCE 13 avril 2002, *Rec.* CJCE, I, p. 2714.

1- En cas d'aléas affectant ses aptitudes

Les contrats de travail en matière sportive sont par excellence des cibles d'altération du fait des réalités attachées à la pratique sportive. C'est ainsi qu'il peut arriver que le sportif soit victime d'un accident ou d'une maladie au cours l'exécution de son contrat. L'altération du contrat n'étant pas synonyme de rupture du contrat, des obligations demeurent à l'égard du sportif.

De manière générale, les incidents professionnels — tels que la maladie ou l'accident du travail — ont pour conséquence immédiate la suspension du lien contractuel pendant la durée dudit incident ; conformément à l'article 32 du Code du travail camerounais. À cet effet, l'employeur ne peut rompre le contrat qu'en cas de faute grave ou de force majeure ; et non sous les motifs de suspension du contrat. Le sportif victime de blessure ou d'accident bénéficie d'indemnité journalière, eue égard à son incapacité physique de reprendre le travail[41]. L'affaire OWEN en 2006 est une illustration de cas de blessure. Michael OWEN est victime d'une grave blessure au genou lors d'une rencontre internationale de football. L'intégralité de son salaire a dû être prise en charge par la compagnie d'assurance de la fédération anglaise de football[42].

---

[41] Il convient de relever que dans cette hypothèse, il s'agit de la maladie professionnelle et de l'accident du travail (qualifiés de risques professionnels) ; dans la mesure où la maladie ordinaire du salarié n'ouvre droit à aucune prise en charge par la caisse nationale de prévoyance sociale : Voir, M. A. MOUTHIEU épse NJANDEU, « La protection sociale du sportif salarié en droit camerounais », *in Signatures internationales*, Bulletin n° 4, décembre 2021, pp. 69-91.

[42] Fort heureusement, en parcourant la Loi n° 2018/014 du 11 juillet 2018 portant organisation et promotion des activités physiques et sportives au Cameroun, on peut relever que le législateur s'est intéressé singulièrement à la protection sociale du sportif salarié, en mettant un accent particulier sur la prévention et le traitement du risque sportif ou des accidents sportifs. À ce titre, son article 46 institue une obligation d'assurance au profit du sportif salarié en disposant que « les fédérations sportives nationales… contribuent à la souscription obligatoire de polices d'assurance couvrant les risques auxquels sont exposés leurs adhérents ». Or parmi les adhérents, figurent légitimement et nécessairement les sportifs salariés qui sont titulaires d'une licence sportive délivrée par la fédération sportive nationale concernée.
On peut remarquer que dans la pratique, le contrat d'assurance à souscrire est directement contenu dans la licence ; de sorte qu'il est difficilement concevable qu'un sportif puisse être titulaire d'une licence sans que l'employeur ait souscrit à son profit

L'obligation d'absence d'activité sportive pendant la période de suspension voudrait que le sportif inapte s'abstienne de toute activité non autorisée par l'employeur. C'est ainsi qu'en période d'arrêt de travail, la participation à une compétition — sans avis exprès — constitue une faute pouvant engendrer naturellement une sanction disciplinaire.

Le maintien de l'obligation de loyauté envers l'employeur incombe au sportif. La loyauté dans ce cadre recommande que ce dernier continue de veiller au respect de son hygiène de vie, de manière à favoriser par exemple sa remise en selle. Un sportif se doit de mobiliser tous les moyens nécessaires à sa portée pour écourter son inaptitude ; afin d'assurer la continuité de son obligation de mise à disposition de son employeur.

Les inaptitudes donnant lieu à la suspension du contrat peuvent passer de provisoires à définitives. En toute conscience d'une telle éventualité, le sportif est tenu à l'issue d'un accident ou d'une maladie, de l'obligation de visite médicale de reprise avant de suivre le cours de son lien contractuel[43]. C'est la compétence du médecin du travail qui est requise en la matière, dans un souci d'impartialité à l'exclusion de celle de tout autre médecin. Il peut conclure par l'aptitude du sportif à reprendre l'activité, ou par son inaptitude à le faire[44]. La prise en charge des accidents sportifs commande que le médecin du sport « possède ou ait accès à des compétences aussi diverses que la traumatologie, la physiologie de l'exercice, la nutrition… »[45]. C'est ainsi que le législateur camerounais institue un encadrement médical sportif assuré par une

---

une police d'assurance : Voir, R. ESSOMBA, *La protection de l'entraîneur sportif en droit social camerounais*, Mémoire de master II, Université de Yaoundé II, 2020, p. 35.

43 Elle poursuit la finalité de vérification de l'aptitude ou non du sportif à reprendre ses fonctions.

44 Le médecin du sport se doit d'être efficace. C'est la raison pour laquelle sa soumission à une formation continue — qui l'obligera pendant toute sa carrière à actualiser ses connaissances à travers la lecture de nombreuses revues de médecine du sport et la participation à des congrès, séminaires et journées de formation — est indispensable : Voir, D. BARRAULT, « La médecine du sport », in Actualité et dossier en santé publique, n° 14, mars 1996, p. IX.

45 H. NIELENS, « La médecine du sport, pour qui, pour quoi ? », *in* XXIIIe journée de cardiologie, Cardiologie et Sport, p. 455.

équipe pluridisciplinaire qualifiée[46]. Cette équipe est composée des spécialistes de physiologie, de biologie, de lutte contre le dopage, de traumatologie, de nutrition et de psychologie[47].

La déclaration d'inaptitude se fait suivant une procédure. À l'issue de l'application conforme de celle-ci, le médecin peut rendre un verdict ; notamment sur l'avis d'inaptitude après s'être assuré qu'aucune mesure d'adaptation, et de réaménagement — du fait de l'état de santé du sportif — n'est envisageable. Le médecin du travail rédige à cet effet un document attestant sa décision, et le remet à chaque partie au contrat qui peut procéder à sa contestation.

La suspension du contrat de travail en cas d'incapacité, c'est-à-dire de manière involontaire, n'exclut pas une suspension volontaire de celui-ci. Il en est ainsi des initiatives de l'employeur qui peuvent modifier le cours du lien contractuel.

2- En cas de prêts de sportifs

Dans le souci de renforcer leur effectif ou la qualité de leurs prestations sportives, les clubs procèdent à des prêts de sportifs. Ils ont pour avantage d'éviter de payer des indemnités de transfert[48] par le club prêteur, et d'alléger à la fois sa masse salariale et son effectif[49] ; tout en permettant au sportif sujet de transfert de s'aguerrir dans un autre club.

L'accomplissement d'une telle opération passe par plusieurs étapes. Tout d'abord, un contrat doit être rédigé entre l'emprunteur et le prêteur ; afin d'établir principalement l'assiette des conditions de mise à disposition du sportif, la charge de sa rémunération, ses conditions de retour voire son éventuelle mutation. Ensuite, un contrat entre le sportif prêté et son club d'accueil stipulant ses conditions d'emploi et l'établissement de sa subordination envers celui-ci.

---

[46]Article 34 (1) de la loi n° 2018/014 du 11 juillet 2018 portant organisation et promotion des activités physiques et sportives au Cameroun.

[47] Article 32 de la loi n° 2018/014 du 11 juillet 2018 portant organisation et promotion des activités physiques et sportives au Cameroun.

[48] Le transfert de joueur est une opération triangulaire par laquelle le club quitté accepte de libérer un joueur avant le terme de son contrat, en contrepartie d'une indemnité du nouveau club dans lequel le sportif exercera dorénavant.

[49] R. COGNARD, *Les contrats e travail dans le sport et l'e-sport*, Juris édition Dalloz, mars 2022, p. 123.

À l'inverse de la mise à disposition du sportif à sa sélection nationale — au cours de laquelle le contrat continue d'être exécuté —, il faut noter que le prêt d'un sportif a pour principal effet juridique la suspension du contrat avec son employeur initial ; au profit de l'exécution du nouveau contrat avec son club provisoire à qui il doit subordination et mise à disposition de ses compétences. Ce lien contractuel prend fin à l'échéance de son terme ; et le contrat avec l'employeur initial reprend effet, avec toutes les prérogatives attachées à son pouvoir et à sa direction. Le sportif est tenu lors d'un transfert du maintien de son obligation de mise à disposition de son potentiel, de son expertise, de ses acquisitions techniques au profit de son employeur provisoire. En vertu du lien de subordination qui demeure, il agit dans le respect et la soumission à la direction de son club emprunteur. À l'image d'un salarié placé par une entreprise de travail temporaire[50], le salarié prêté est soumis à la même discipline que les salariés de son entreprise d'accueil.

L'affaire FOE est une illustration typique de la consistance d'un prêt entre clubs. En l'espèce, Marc-Vivien FOE, footballeur professionnel engagé par l'Olympique Lyonnais, est prêté au club anglais Manchester City. Durant la période du prêt, il décède subitement au cours d'un match international qu'il discute sous le maillot de sa sélection nationale. De cet accident, la question du régime de sécurité auquel appartient le joueur s'est posée : le régime de sécurité sociale français était-il toujours compétent après le prêt du joueur au club Manchester City ?

La Cour de cassation française a relevé qu'à l'occasion du prêt, le contrat de travail avec son club initial l'Olympique Lyonnais était suspendu au jour de l'accident. La victime ne faisant donc plus partie de l'effectif du club français, étant donné qu'elle ne travaillait plus pour ce dernier. La victime ne bénéficiait plus d'un lien avec lui. Ainsi, son régime général de sécurité sociale ne relevait plus du club français ; mais de celui du club emprunteur anglais.

L'employeur peut également procéder à une mise à disposition des sportifs internationaux, qui est une forme plus élargie de prêt

---

50 Voir, article 26 (2) du Code du travail camerounais.

sportif. En effet, le prêt de main-d'œuvre est expressément autorisé pour le cas de la mise à disposition des sportifs par leur club au bénéfice de l'équipe nationale[51]. Bien que dans ce cas le sportif conserve sa position de salarié, ainsi que ses prérogatives au sein de la structure qui l'a employé, cela n'exclut pas néanmoins le fait qu'en sélection nationale le sportif jouisse de certains avantages ; dont le revers de médaille est l'existence d'obligations, après accord entre la sélection nationale et son employeur. Durant la période de mise à disposition, le sportif doit à la sélection — bien que demeurant salarié — sa disponibilité et son expertise. Et lors des compétitions, il est tenu de donner le meilleur de lui-même en total respect de la direction. Le sportif est à la fois engagé envers son club, et envers la fédération où il est sollicité ; et les responsabilités à son égard sont départagées entre les deux[52] : c'est le cas dans l'affaire OWEN en 2006. En l'espèce, Michael OWEN est victime d'une grave blessure au genou lors d'une rencontre internationale de football. L'intégralité de son salaire a dû être prise en charge par la compagnie d'assurances de la fédération anglaise de football. Bien que demeurant salarié dans son club, toute difficulté née à l'occasion de l'accomplissement de ses fonctions — en cas de mise à disposition internationale — engage la responsabilité de l'édifice l'ayant sollicité, et non celle de son employeur initial.

Conclusion

Le contrat de travail sportif est une réalité contractuelle spécifique sous plusieurs aspects. Sous l'angle de son exécution, il soumet les parties au respect à la fois des règles de droit du travail en général ; et de celles régissant les activités sportives. Il s'ensuit que le sportif à l'occasion de l'exécution de son contrat de travail est assujetti aux obligations découlant de son statut de salarié, mais aussi à celles de pratiquant de sport.

---

[51] C. sport, art. L. 222-3, al. 1 et C. trav. art. L. 8241-1, 2 °.

[52] On le voit bien, la prise en charge du sportif salarié par les employeurs conjoints permet de lui assurer une protection optimale en cas d'accident de travail.

L'analyse du processus exécutoire du contrat de travail du sportif a permis d'appréhender ses obligations, en période compétitive et en dehors de celle-ci. Dans le cadre compétitif, le sportif est tenu à des obligations ayant trait directement à son activité sportive ; et commandant à ce dernier la pratique d'une hygiène de vie saine afin, de réaliser plus aisément son obligation principale de mise à disposition de son employeur de son expertise et de ses performances. Dans ce sens, l'on comprend que le contrôle de l'état sanitaire du sportif par un médecin du sport aux compétences diversifiées est un élément primordial pour sa carrière. Bien plus, le sportif est tenu de représenter son club et ses partenaires. Pendant la période extracompétitive, l'exécution du contrat de travail par le sportif suit son cours. Aussi, que l'on soit dans la phase d'intersaison ou d'entraînement, dans les hypothèses de suspension du contrat suite aux aléas affectant les aptitudes du sportif ou au prêt de ce dernier à un autre club, ses obligations perdurent.

Au demeurant, il nous semble que seule une féconde et harmonieuse coordination des règles générales de droit du travail, avec celles spécifiques au sport en matière d'exécution du contrat de travail, assurera au sportif la sécurité juridique dans le domaine atypique de l'activité sportive.

LA PROBLÉMATIQUE DE LA RUPTURE ABUSIVE DU CONTRAT DE TRAVAIL DU SPORTIF PROFESSIONNEL

Par

KOM KAMSU Maurice
Professeur à la Faculté des Sciences Juridiques et Politique de l'Université de Maroua

Résumé

La relation de travail dans le domaine du sport professionnel est consacrée par l'article 40 de la loi du 11 juillet 2018 portant organisation et promotion des activités physiques et sportives au Cameroun, qui dispose que « le club sportif professionnel emploie des sportifs contre rémunération ». Mais peut-on dire que le régime juridique de la rupture abusive du contrat de travail du sportif professionnel est assimilable à celui connu en droit commun ? L'analyse tend à démontrer qu'il pourrait exister des interactions entre la théorie générale du contrat de travail à durée déterminée — le plus usité dans les contrats des sportifs professionnels —, et les marqueurs et règles spécifiques appliqués à la rupture abusive de ces contrats. Il pourrait en être ainsi non seulement pour ce qui est des causes, de la possibilité de résiliation unilatérale généralement reconnue à une partie au contrat de travail du sportif, que des effets de la rupture abusive du contrat de travail du sportif professionnel. Les pratiques dans ce domaine permettent de rendre compte de ces particularités. Il serait donc nécessaire pour les partenaires sociaux dans ce domaine, pour les arbitres et pour les juges d'élaborer et de faire appliquer des règles plus adaptées à « ce contrat atypique » ; pour assurer plus de sécurité juridique en matière de rupture abusive du contrat du sportif professionnel.

Mots clés : contrat sportif professionnel, droit commun de rupture abusive, causes atypiques de rupture, effets atypiques de rupture

Introduction

Les activités sportives sont un ensemble de pratiques qui concourent à assurer l'équilibre mental, la préservation du capital santé ; ainsi que l'épanouissement physique, intellectuel ou socio-économique de l'individu[1]. Sur ce dernier point, on peut dire que le sport est certes une activité de bien-être, ludique, de loisir ; mais c'est également une activité économique qui crée des emplois[2].

Un contrat de travail peut alors être noué par un club sportif professionnel[3] et un sportif. La relation de travail dans le domaine du sport professionnel est consacrée par l'article 40 de la loi du 11 juillet 2018 portant organisation et promotion des activités physiques et sportives au Cameroun, qui dispose que « le club sportif professionnel emploie des sportifs contre rémunération ». Il s'agira alors en principe pour le sportif, au regard du droit commun, d'accomplir une prestation sous l'autorité d'un employeur ; moyennant une rémunération[4]. Pour la gestion de ses activités, le club sportif peut prendre les formes juridiques suivantes : Société d'économie mixte, Société à responsabilité limitée ou Société anonyme. Dans ces deux derniers cas, il s'agit alors des sociétés commerciales conformément au droit OHADA.

La question de la subordination juridique est néanmoins discutée en doctrine. Les interrogations reposent sur la compatibilité du statut de sportif professionnel avec la qualité de salarié. Même si dans la plupart des cas il s'agira pour le sportif de participer à un service

---

[1] Cf. Art.16 de la loi11 juillet 2018 portant organisation et promotion des activités physiques et sportives au Cameroun

[2] Cf. J. Barthélemy, « le contrat sportif », *JCP/La semaine juridique*, Édition sociale, N° 31-38, juillet 2008, 1430

[3] Il faut distinguer les clubs sportifs amateurs des clubs sportifs professionnels. Un club sportif amateur exerce des activités sportives à des fins non lucratives. Art. 39 de la loi du 11 juillet 2018. Le club sportif professionnel emploie des sportifs contre rémunération fixée d'accord des parties.

[4] Il faut noter qu'en droit comparé français, on a classé dans la catégorie de salariés des travailleurs ne se trouvant pas en situation de subordination juridique ; alors même que le contrat de travail se définit d'abord à partir d'un tel état. Cf. la loi Madelin du 11 février 1994 ayant organisé le statut du travailleur indépendant, et introduit une présomption simple de non-salariat en droit du travail et en droit de la sécurité sociale

organisé, ce critère principal, voire exclusif, est devenu un simple indice ne pouvant de surcroit être invoqué utilement que si les conditions de travail sont définies unilatéralement par l'employeur[5]. Or la nature de l'activité, à caractère ludique, fait que le pouvoir du dirigeant du club n'a pas la même étendue que celui d'un employeur dans le secteur de l'industrie, du commerce ou des services[6]. Il reste que la qualification de salarié est généralement plus admise dans le sport collectif[7] — puisqu'il s'agit de participer à un service organisé —, que dans le sport individuel[8].

Reste la question de la catégorie à laquelle relève ce contrat de travail. En effet, l'activité sportive est rythmée par la saison sportive. C'est pour une saison qu'est organisé un championnat dans les sports collectifs ou individuels[9]. C'est ce qui peut expliquer que, parmi les catégories de contrat existant en droit social, il est d'usage constant de ne pas recourir au contrat à durée indéterminée ; en raison de la nature de l'activité exercée, et du caractère par nature temporaire des emplois. Le recours au contrat à durée déterminée est donc d'usage.

Comme on peut s'en apercevoir, le contrat de travail du salarié est transplanté dans un environnement riche d'originalité envahi par la diversité[10]. En effet, le contrat de travail du sportif est baigné[11] par plusieurs courants qui ont une influence certaine sur son régime juridique. Il en est ainsi de la loi nationale, des conventions collectives négociées par les unions nationales ou les clubs professionnels, et des syndicats de joueurs ou d'entraineurs. Ces spécificités d'organisation, de fonctionnement et de la pratique du sport professionnel qui guident les partenaires sociaux ne sont pas ignorées par les juges ; au risque de

---

[5] Cf. J. Barthélemy, Op. cit, p. 12

[6] Cf. J. Barthélemy, Op. cit, p. 12

[7] Le statut de travailleurs indépendants est généralement attribué aux skieurs, tennismen, golfeurs.

[8] Mais il convient de relativiser cette perception, surtout pour les cyclistes. Ils sont généralement liés contractuellement à une entreprise qui n'est pas un club, et qui est à la fois l'entrepreneur et le sponsor. S'ils perçoivent de cet employeur un salaire, ils gagnent aussi des prix versés par les organisations des courses.

[9] Néanmoins ici, plusieurs compétitions peuvent jalonner l'année.

[10] Cf. J.-P. Karaquillo, « L'application des dispositions du Code du travail au contrat de travail du sportif professionnel. Une contribution à l'interprétation des textes relatifs au contrat de travail à durée déterminée » in *Revue de travail* 2010, P. 14

[11] Cf. J.-P. Karaquillo, op. cit

générer des règles générales abstraites, inadaptées aux réalités sociales et économiques de ce secteur d'activité. C'est ce qui explique que des incertitudes semblent exister — comme précédemment analysé — concernant sa qualification, sa validité, sa modification ou sa cessation.

Sur ce dernier point qui constitue le centre d'intérêt de notre étude, plusieurs constats et interrogations peuvent être posés. Quelle appréhension peut-on avoir des motifs de rupture abusive des contrats à durée déterminée du sportif professionnel et de leurs conséquences ? Quels sont les éléments d'appréciation de la faute lourde et de la force majeure dans les rapports entre les sportifs professionnels et leurs employeurs ? Autrement dit — et c'est l'interrogation principale de cette étude —, peut-on dire que le régime juridique de la rupture abusive du contrat de travail du sportif professionnel est assimilable à celui connu en droit commun ?

À l'analyse, il pourrait exister des interactions entre la théorie générale du contrat de travail à durée déterminée — le plus usité dans les contrats des sportifs professionnels —, et les marqueurs et règles spécifiques appliqués à la rupture abusive de ces contrats ; certainement du fait des spécificités de cette activité économique qu'est le sport. Il pourrait en être ainsi non seulement pour ce qui est des causes (I) que des effets de la rupture abusive du contrat de travail du sportif professionnel (II). Les pratiques dans ce domaine permettent de rendre compte de ces particularités.

I. Les particularités des sources de rupture abusive du contrat du sportif professionnel

Les cas de rupture abusive d'un contrat de travail du sportif professionnel devraient en principe être adossés sur les motifs retenus en droit commun, et précisément l'article 38 du Code du travail. Mais on note une adaptation des causes de rupture abusive de droit commun (A), et une admission d'une rupture anticipée contractuellement aménagée et non abusive au regard des spécificités de l'activité sportive (B).

A. Les adaptations des sources de rupture abusive de droit commun

En droit commun, l'anéantissement prématuré du contrat à durée déterminée ne saurait résulter d'une démission ou d'un licenciement, modes de rupture unilatérale du contrat à durée indéterminée. Le concept juridique approprié est donc la rupture anticipée. Celle-ci est légalement encadrée parce que le contrat sportif professionnel est censé s'achever au terme fixé. En droit camerounais, il faudrait alors se référer à l'article 38 du Code du travail qui précise que le contrat à durée déterminée ne peut être résilié unilatéralement et avant échéance, qu'en cas d'accord des parties constaté par écrit, de faute lourde ou de cas de force majeure[12].

L'hypothèse d'une rupture abusive fondée sur l'inexistence d'un commun accord

Il s'agit alors de former un contrat pour éteindre les obligations. Le Code du travail n'apporte aucune précision sur le fond ou la forme. Néanmoins, l'acte de rupture d'un commun accord est distinct de la transaction qui est destinée, par des concessions réciproques, à mettre fin à toute contestation née ou à naitre. Rien n'interdit de conclure un acte de rupture, puis une transaction. Celle-ci ne porte pas sur la résiliation elle-même, mais sur l'exécution du contrat de travail. Une rupture non fondée sur l'existence d'un commun accord serait alors abusive.

L'hypothèse d'une rupture abusive n'étant pas justifiée par une faute lourde

Le législateur camerounais évoque la notion de faute lourde sans la définir, sans en dessiner les contours. Il est revenu à la jurisprudence de systématiser la distinction entre la faute lourde et la faute grave. La

[12] D'après l'article 38 alinéa 1 du Code du travail camerounais de 1992, « le contrat de contrat à durée déterminée ne peut cesser avant terme qu'en cas de faute lourde, de force majeure ou d'accord des parties constatés par écrit »

faute lourde peut être définie comme étant l'acte intentionnellement posé par l'employé et qui cause un préjudice grave à l'employeur, rendant ainsi difficile la poursuite des relations entre les deux parties. On retient à ce sujet la divulgation du secret professionnel, l'insubordination au chef d'entreprise, la destruction du matériel de l'entreprise, le vol. Dans un arrêt rendu en 1968, la Cour de cassation française avait souligné la différence entre « l'ivresse dans l'exercice des fonctions » constitutive de faute lourde, et « l'ivresse sur le lieu du travail ». La faute lourde a la particularité de permettre le licenciement, sans qu'il soit obligatoire de respecter le préavis ni de verser l'indemnité de licenciement.

Les tribunaux admettent également le licenciement pour faute grave. Celle-ci rend le maintien du contrat intolérable, sans toutefois justifier le départ immédiat du salarié. L'on peut ranger dans cette catégorie, les propos désobligeants à l'endroit du chef d'entreprise ou des supérieurs hiérarchiques. Le salarié licencié pour faute grave peut néanmoins prétendre à l'indemnité de licenciement.

Tant qu'elle n'est pas ni lourde ni grave, la faute peut être légère (ex. retard de quelques minutes au travail). Cette dernière ne saurait justifier le licenciement. Mais il n'est pas exclu qu'une répétition de fautes légères soit constitutive de faute grave.

La question peut se poser de savoir si cette distinction est pertinente en droit du sport, et surtout dans un contrat à durée déterminée. Les contours de la faute doivent dans tous les cas être appréciés *in concreto*, en tenant compte de ce qu'impose le sport. Il pourrait s'agir d'un manquement imputable à la partie auteur de la rupture. Ce manquement implique une distanciation entre « ce qui a été fait » ou « ce qui aurait dû être fait ou non fait ». Il peut s'agir d'une abstention (ne pas avoir fait), ou d'une action (faire). Celui-ci doit être prouvé. C'est ce que rappellent les arbitres dans *l'affaire Union sportive de Douala contre MBAI Junior*[13] : en présence d'un cas de juste cause, un contrat peut être rompu par l'une des parties. C'est le cas du non-paiement de salaire.

---

[13] Sentence arbitrale N° 009/SA/CCA rendue par la chambre de conciliation et d'arbitrage du CNOSC en date du 21 mars 2013, dans l'affaire Union sportive de Douala C/MBAI Junior Rostand, Inédit

En droit comparé, le juge retient *« un manquement au regard d'une norme de référence »*. Il s'agit alors d'une disposition légale, une stipulation contractuelle ou conventionnelle ; ou une règle fixée dans le règlement intérieur du contrat de travail. Un règlement sportif et une charte éthique peuvent-ils être la source de la norme de référence ? Ces supports n'ont pas pour fondement la caractérisation d'une relation de travail, mais naissent de l'existence « d'une relation sportive »[14]. Par exemple, une norme de comportement édictée par une fédération régit le plus souvent l'individu pris en qualité de sportif titulaire d'une licence ; peu importe qu'il soit ou non salarié. Un employeur peut-il alors y voir une faute ? Le salarié exécute une prestation sportive, laquelle est en partie dépendante des sources sportives. Aussi, dès lors qu'une faute sportive lèse les intérêts de son cocontractant, devrait-elle être invoquée pour justifier la rupture du CDD ? Comme l'affirme un auteur, *« la relation de travail ne peut être déconnectée de l'activité sans laquelle elle serait toute autre, l'encadrement juridique de l'activité, loin d'être intrinsèque à la relation de travail est en partie internalisée, ce qui est le cas des normes sportives qui prescrivent les devoir-être des sportifs et des clubs ainsi que celles qui participent de l'identité du sport concerné »*[15].

Par ailleurs, on peut penser que la norme de référence n'est pas nécessairement écrite, formalisée. On peut donc, en termes de faute, rechercher ce qu'on peut légitimement attendre d'un sportif, d'un entraineur, d'une association ou société sportive. En droit français, la Cour de cassation semble même admettre que ce qui nuirait au capital-performance d'un sportif, en dehors du temps du travail, pourrait être constitutif d'une faute[16]. Il reviendrait enfin au juge de vérifier si la faute porte atteinte à la performance individuelle ou collective. Il ne s'agit pas seulement de montrer que l'un des contractants a subi un préjudice, et a vu ses intérêts lésés ; il doit être établi une atteinte aux exigences de la compétition.

---

[14] Cf. Jacotot, « Cessation du contrat de travail », *droitdusport.com*, Études Thématiques, juin 2021

[15] Cf. Jacotot, op.cit.

[16] Ceci pourrait porter atteinte aux libertés fondamentales du sportif. D'où la nécessité de trouver un juste équilibre, ou proportion afin de ne pas porter atteinte à ses droits fondamentaux.

Quant aux applications en droit camerounais, le juge est généralement saisi pour résiliation anticipée pour les motifs d'inexécution des obligations contractuelles. L'illustration peut être faite dans les affaires MOUDONGO NOUM Ledux Degas Parin contre Douala Athelético Club[17], BANOLAG jean Franklin c/TKC[18], Affaire TANGOUATIO Thierry contre Sable de Batié[19], affaire Union sportive de Douala contre MBAI Junior[20]. Quant à la procédure de résiliation, elle présente également des traits spécifiques. En matière de football par exemple, cette procédure passe par plusieurs phases[21].

L'hypothèse d'une rupture abusive n'étant pas justifiée par une force majeure

La force majeure est un motif légal autorisant un contractant sportif à mettre fin au CDD antérieurement à son échéance. Le Code du travail ne définit pas ce concept. En matière contractuelle, elle est généralement considérée comme un évènement imprévisible, insurmontable et irrésistible.[22] Le législateur camerounais a néanmoins une conception très restrictive de la force majeure. En effet, la faillite et la liquidation ne sont pas considérées comme cas de force majeure[23]. De même, la fermeture de l'établissement par mesure administrative n'est pas considérée comme un cas de force majeure. Le décès de l'employeur, ainsi que le dépérissement de l'entreprise — allant jusqu'à la fermeture ou l'obligation de vendre — ne sont pas considérés

---

17 Décision n° 52 015 de la Chambre Nationale de Résolution des litiges : le joueur sollicitait le paiement des salaires impayés, le solde de sa prime de signature.

18 Décision n° 0007 FCF/CNRL/2016, résiliation du contrat à la demande du joueur pour juste cause, Inédit

19 Décision n° 006/FCF/CNRL/2013, non-paiement des de la prime de signature, non-paiement de ses salaires pendant trois mois, Inédit

20 Décision n° 0009/SA/CCA du 21 mars 2013 Non-paiement de la prime de signature, Inédit

21 V. infra

22 En droit comparé français, l'article 1218 du Code civil et l'ordonnance de la force majeure sont caractérisés lorsqu'un évènement échappant au contrôle du débiteur — qui ne pouvait être raisonnablement prévu lors de la conclusion du contrat —, et dont les effets ne peuvent être évités par des mesures appropriées, empêche l'exécution de son obligation par le débiteur.

23 Cf. article 42 al. 1 © du Code du travail camerounais

comme un cas de force majeure ; car le contrat subsiste même en cas de modification dans la situation juridique de l'entreprise[24]. Pour un auteur, le cas fortuit[25] est synonyme de la force majeure.

La jurisprudence camerounaise n'est pas assez édifiante sur la question. En se référant au droit comparé, la chambre sociale de la Cour de cassation, la force majeure n'est jamais retenue y compris en cas de liquidation de l'entreprise. Ainsi, la dissolution d'une équipe cycliste pour cause de dopage — où manifestement l'exécution du contrat est impossible — n'est pas un cas de force majeure[26]. La rupture du contrat dans ce cas serait alors abusive.

L'inaptitude du sportif ou de l'entraineur professionnel comme motif de rupture non abusive ?

L'inaptitude est consacrée dans certaines législations, certaines conventions collectives, certains usages ou des clauses contractuelles. L'inaptitude est alors constatée par un médecin du travail. C'est ce qui a été retenu dans l'affaire Badamassi Souley C/UMS de Loum. Le contrat a été rompu dans l'espèce pour incapacité du joueur mineur ; et cela ne saurait être une rupture abusive.

Généralement, et c'est ce qui est prévu dans certaines législations, le médecin de travail doit respecter certaines étapes. Il doit réaliser un examen médical permettant d'échanger sur les mesures d'aménagement, d'adaptation ou de mutation de postes, et la nécessité de proposer un changement de poste. Il doit ensuite procéder à une étude de poste et des conditions de travail, et échanger avec l'employeur sur les avis et propositions qu'il envisage.

---

24 Cf. article 42 al. 1 du Code du travail camerounais

25 Cf. P.G. Pougoué, une relecture des articles 37,39, 40 et 41 du Code du travail camerounais relatif à la rupture des relations de travail pour motif économiques, *Penant* 1990, p. 158

26 CA, Rennes, 5 mars 1998, JCP 1998, IV, 3429

À l'issue de ces étapes, il peut rendre un avis d'inaptitude si aucune mesure d'aménagement, d'adaptation ou de transformation du poste de travail occupé n'est possible, et que l'état de santé le justifie.

B. L'exclusion comme abusive d'une rupture anticipée contractuellement aménagée

Le Code du travail camerounais ne prévoit pas la faculté d'insérer une clause ayant pour but d'organiser contractuellement la fin du contrat avant son terme. Une telle stipulation contractuelle est en principe nulle. Elle pourrait donc être source d'une rupture abusive.

Mais en droit comparé, il est admis la validité de telle clause par la jurisprudence[27] lorsqu'elle est plus favorable au salarié que la loi. De telles clauses ont été consacrées dans certaines législations qui ont institué des CDD spécifiques, ou institué au sein du Code du sport des clauses de rupture unilatérale pure et simple. De même, la jurisprudence admet la validité de la clause conventionnelle relative à la rupture dans la charte du football professionnel, sous réserve qu'elle soit plus favorable aux salariés.

La validité de cette clause a pour fondement le principe de faveur[28]. Les dispositions légales sont donc d'ordre public. C'est pourquoi les stipulations favorables au club employeur ou défavorables au sportif sont nulles, ou jugées illicites. C'est ainsi qu'il est admis la validité des normes conventionnelles qui offrent la possibilité aux sportifs de mettre fin à leur CCD lorsqu'une condition se réalise. Ces clauses offrent généralement des possibilités au sportif de rester dans le club (maintien du lien contractuel), ou de le quitter (se délier du contrat). Le choix qui en résulte préserve l'intérêt du joueur. Il lui permet de mieux gérer sa carrière par nature courte. Dans le même sens, il est admis la validité de l'article 15.2.2. c de la CCBP qui précise que « le joueur peut résilier unilatéralement son contrat avant l'échéance

---

[27] Cf. les arrêts rendus le 10 février 2016

[28] Cf. G. Auzero, la validité de la clause de rupture dans les contrats de travail à durée déterminée. *D. Soc.*2001, p. 17

du terme en cas de non-paiement par le club de la rémunération prévue au contrat et due au joueur, après expiration d'un délai de 30 jours après réception par le club d'une mise en demeure adressée par le joueur par lettre recommandée avec accusé de réception et restée infructueuse ». Cette clause s'apparente à une clause résolutoire de plein droit.

Il est également admis la possibilité pour un joueur de résilier le contrat avant l'échéance du terme ; en contrepartie du versement par celui-ci au club quitté, d'une indemnité contractuelle dont le montant est fixé à l'avance par le contrat. Cette clause confère ainsi une faculté exclusive au salarié de se délier. Elle lui octroie une option : maintenir le lien contractuel jusqu'à son terme, ou s'en libérer en payant un prix. Généralement, le club qui recrute le joueur acquitte la somme stipulée à un contrat auquel il est tiers. C'est donc une clause favorable au sportif puisqu'il se délie sans payer.

De même, l'article 17, al. 1 et 2 du règlement du statut et du transfert des footballeurs prohibe certes la cessation unilatérale en cours d'exécution du CDD sans juste cause. Mais dans le règlement commenté par la FIFA, il est indiqué que les parties peuvent cependant stipuler dans le contrat le montant que le joueur devra verser au club à titre de compensation, pour mettre unilatéralement fin au contrat (clause de rachat). L'avantage de cette clause étant qu'elle permet aux parties de fixer ce montant d'un commun accord dans le contrat. Le versement de ce contrat au club autorise le joueur à se départir unilatéralement de son contrat de travail.

II. Les effets de la rupture abusive du contrat du sportif professionnel

Ces sanctions sont de nature indemnitaire. Elles ont pour fondement : soit le droit commun, soit les usages, soit les conventions, soit les statuts des associations et sociétés ou de la jurisprudence. Il peut s'agir des sanctions en cas de violation de la procédure pour faute (A), des sanctions en cas de rupture sans motif légal (B), des sanctions en cas de violation des règles relatives à l'inaptitude du salarié (C).

A. La sanction en cas de violation de la procédure pour faute

À défaut de texte prévoyant une sanction, la jurisprudence[29] condamne l'auteur de la violation des règles de procédure. En effet comme analysé supra, la latitude est donnée aux parties à un contrat sportif de le rompre unilatéralement ; soit pour juste cause, soit dans la recherche d'une faveur pour le salarié. Ceci suppose au préalable des échanges entre les parties, le respect des délais et la notification de la rupture. Le non-respect de cette procédure entraîne la condamnation de l'auteur à verser des dommages-intérêts évalués en fonction du préjudice subi. On note ici toute la différence avec les réalités du droit commun social, même dans l'hypothèse d'un contrat à durée indéterminée. En effet aux termes de l'article 39 alinéa 4 du Code du travail, le montant des dommages et intérêts à remettre au salarié abusivement licencié dans le cadre d'un contrat à durée indéterminée ne doit pas excéder un mois de salaire par année d'ancienneté ; et il ne saurait être inférieur à 03 mois de salaire.

En d'autres termes, le minimum des dommages et intérêts qui peut être alloué au salarié abusivement licencié dans le cadre d'un contrat à durée indéterminée équivaut à 03 mois de salaire. Si la disposition est avantageuse au salarié de moins de 3 mois d'ancienneté, il est curieux en revanche que le législateur ait plafonné le dédommagement ; notamment pour les salariés qui cumulent de nombreuses années d'ancienneté. Par contre en cas d'irrégularités constatées dans la procédure, le montant des dommages et intérêts est d'un mois[30]. On peut comprendre ici que dans l'esprit du législateur, une irrégularité légale ou conventionnelle ne saurait être sanctionnée au fond.

---

[29] V . Cass. Soc, 27 juin 2001, n° 99-42 216, Bul.civ. V. n ° 236, RJS 2001, n° 1140

[30] Cf. article 39 al. 5 du Code du travail camerounais. C'est d'ailleurs cette tendance qui semble être retenue en droit français. L'ordonnance du 20 décembre 2017 — qui modifie l'article 1235-2 du Code du travail — dispose que « lorsqu'une irrégularité a été commise au cours de la procédure notamment sans que la procédure conventionnelle ou statutaire de consultation préalable au licenciement ait été respectée, mais pour une cause réelle et sérieuse, le juge accorde au salarié à la charge de l'employeur, une indemnité qui ne peut être supérieure à un mois de salaire ».

B. Les sanctions en cas de rupture sans motif légal

Il convient d'analyser ces sanctions selon que la rupture est imputable au club employeur d'une part, ou au sportif ou entraineur professionnel d'autre part.

Rupture imputable au club employeur

De manière générale, ces sanctions peuvent relever du droit commun. Le juge pouvant se fonder sur l'article 1382 du Code civil. Mais compte tenu des spécificités de l'activité sportive, les employeurs et sportifs professionnels peuvent conclure des conventions collectives qui sont applicables au niveau national. Ces conventions, lorsqu'elles ont été valablement négociées, peuvent même s'écarter des normes des fédérations internationales en matière de sanctions[31].

En droit comparé, certainement dans l'optique de protéger le salarié sportif, un minimum de dommages-intérêts est prévu. Par exemple, lorsque l'employeur met fin à un CDD en dehors des motifs légaux, le sportif ou l'entraineur a droit à des dommages et intérêts d'un montant au moins égal aux rémunérations qu'il aurait perçues jusqu'au terme du contrat[32]. Cette disposition fixe un mode de calcul invariable d'ordre public. Les règles de la FIFA précisent par exemple que la partie ayant rompu le contrat est tenue de verser une indemnité, sous réserve des règles de l'article 20 de l'annexe 4 concernant les indemnités de formation ; et si rien n'est prévu par le contrat, l'indemnité pour rupture du contrat est calculée en tenant compte du droit en vigueur dans le pays concerné, des spécificités du droit du sport et de tout critère objectif. Ces critères impliquent la rémunération et les autres avantages du joueur dans le contrat en cours et/ou dans le nouveau contrat. La durée restante du contrat en cours va jusqu'à cinq ans au plus, le montant de tous les frais et toutes les dépenses est occasionné ou payé par l'ancien club. Eu égard aux principes énoncés, l'indemnité due à un joueur doit être calculée comme suit.

---

[31] Cf. article 17 du Règlement du statut et du transfert des joueurs FIFA

[32] Cf. article L. 1243-4 du Code de travail français

- Si le joueur n'a pas signé de nouveau contrat après la résiliation de son précédent contrat, l'indemnité sera en règle générale équivalente à la valeur résiduelle du contrat prématurément résilié.
- Si le joueur a signé un nouveau contrat au moment de la décision, la durée restante du contrat prématurément résilié sera réduite de la valeur résiduelle du contrat prématurément résilié. De plus, et sous réserve que la résiliation prématurée du contrat soit due à des impayés, le joueur sera en droit de percevoir, en plus de l'indemnité réduite, une somme correspondant à trois mois de salaire. Dans des circonstances particulièrement graves, l'indemnité supplémentaire peut être augmentée jusqu'à représenter l'équivalent de six salaires mensuels. L'indemnité totale ne pourra jamais dépasser la valeur résiduelle du contrat prématurément résiliée.

Enfin, et conformément à l'article 17-4 du Règlement FIFA, des sanctions sportives seront également prononcées à l'encontre de tout club convaincu de rupture du contrat ou d'incitation à rompre un contrat durant la protégée. Un club qui signe un contrat avec un joueur professionnel ayant rompu son ancien contrat de manière abusive est sanctionné par une interdiction d'enregistrer de nouveaux joueurs à l'échelle nationale et internationale pendant deux périodes d'enregistrement complètes et consécutives.

Rupture imputable au sportif ou entraineur salarié

La sanction ici relève également du droit commun et des législations spéciales en matière de sport. Lorsque la résiliation illicite est l'œuvre du salarié, son employeur a droit à des dommages et intérêts correspondant au préjudice subi. Il lui revient alors de prouver l'existence et l'étendue des préjudices. Généralement, le juge prend en compte l'importance pour le club du rôle, de l'image du sportif ou de l'entraineur, et la difficulté de trouver un remplaçant. La question de la validité de la clause pénale est discutée[33].

---

[33] Il s'agit d'une clause par laquelle la partie qui rompt de manière illicite le contrat avant son terme s'engage à verser une somme forfaitaire, déterminée à l'avance. Une telle clause présente la particularité de prévoir un montant supérieur au préjudice prévisible, de sorte qu'elle possède une fonction comminatoire. Cette clause peut paraitre inopérante si elles contreviennent à une disposition d'ordre légal certainement d'ordre public ; mais elles sont au profit du salarié. Elles pourront être admises si elles lui sont plus favorables.

D'après l'article 17-2 du Règlement FIFA par exemple, si un joueur professionnel est tenu de payer une indemnité, le joueur professionnel et son nouveau club seront solidairement et conjointement responsables du paiement de celle-ci. Le montant peut être stipulé dans le contrat, ou avoir convenu entre les parties. En plus de payer une indemnité, une sanction sportive est prononcée à l'encontre du joueur convaincu de rupture du contrat pendant la période protégée. Cette sanction se traduit par une suspension de quatre mois pour les matchs officiels. En cas de circonstances aggravantes, la sanction est au plus de six mois.

C. Sanctions en cas de violation des règles relatives à l'inaptitude du salarié

Les règles de droit commun sont également convoquées dans ce cas. Mais également des textes spécifiques. Au Cameroun, on convoquerait alors la loi n° 77-11 du 13 juillet 1977[34] portant réparation et prévention des accidents et maladies professionnelles ; et la convention signée entre La Caisse Nationale de Prévoyance Sociale (CNPS) et le ministère des Sports et l'Éducation physique, la Fédération camerounaise de Football, les associations des footballeurs, des clubs de première division, des entraineurs, et des arbitres concernant les problèmes liés aux risques professionnels, au décès et à la vieillesse. Les prestations servies par la CNPS sont en nature ; et en espèces, celles-ci comprennent la perte partielle ou totale du salaire. Il s'agit de l'indemnité journalière, de l'allocation d'incapacité, de la rente d'incapacité partielle et totale, et de la rente aux ayants droit.

La question de leur adaptabilité à l'activité sportive pourrait alors se poser. En droit comparé, la sanction est plus clarifiée. Ainsi en cas de violation des règles relatives à l'inaptitude d'origine professionnelle, accident ou maladie professionnelle, le sportif est créancier des dommages et intérêts qui ne peuvent être inférieurs au montant des salaires et avantages qu'il aurait reçus jusqu'au terme du contrat[35]. Cette sanction est applicable en cas de méconnaissance de l'obligation de reclassement. En effet, l'employeur est débiteur d'une obligation de

---

[34] Dieudonné SOWENG, Le système camerounais de la prévoyance sociale entre son passé et son avenir, thèse de doctorat 3e cycle, Yaoundé, 2002. Mme MEKE-ME-ZE née Christine Irène BEIYIDIRA, les risques professionnels en droit positif camerounais : étude théorique et pratique de la loi du 13 juillet 1977 portant prévention et réparation des accidents et maladies professionnels, Yaoundé, 1978.

[35] Cf. art. L. 1226-21, al. 2 du Code de travail français

reclassement ; sauf si le maintien du sportif professionnel dans son emploi serait préjudiciable pour sa santé, ou que son état de santé rend impossible tout reclassement.

LA CONCILIATION COMME MODE DE RÈGLEMENT DES DIFFÉRENDS DE TRAVAIL DANS LE DOMAINE SPORTIF

Par

TAMKAM SILATCHOM Guy Armel

Agrégé des Facultés de droit

Maître de conférences à l'Université de Douala

De nos jours, on assiste à une prolifération des modes alternatifs de règlement des différends (MARD) qui supplantent la justice étatique au point de consolider l'idée d'une justice en crise[1]. La justice étatique, critiquée pour sa complexité, les difficultés d'accès aux tribunaux, la longueur de ses procédures, le manque d'impartialité des juges mélangés à la corruption ambiante dans ce milieu, a créé une désaffection des justiciables[2]. Ces derniers se retournent de plus en plus vers des tiers, afin que ceux-ci tranchent leur litige ou les aident à trouver un accord[3]. L'intervention d'un juge pour trancher les litiges par une stricte application des règles de droit est de moins en moins perçue comme un mode idéal de justice. L'idée essentielle fondatrice de la conciliation comme de la médiation est qu'une convention rapprochant des positions opposées peut apporter à une situation conflictuelle une solution préférable, échappant en outre aux aléas du

---

1 P. NKOU MVONDO, « La crise de la justice de l'État en Afrique noire francophone. Étude des causes du divorce entre la justice et les justiciables », *Rev. Penant*, n° 824, 1997, pp. 208-228 ; « La justice parallèle au Cameroun : la réponse des populations camerounaises à la crise de la justice de l'État », *Rev. Droit et société*, 2002, p. 370.

2 M. FILIGA SAWADOGO, « L'accès à la justice en Afrique francophone. Problèmes et perspectives : le cas du Burkina Faso », *in L'effectivité des droits fondamentaux dans les pays de la communauté francophone,* Actes du Colloque sur « l'effectivité des droits fondamentaux dans les pays de la communauté francophone », Port-Louis, 29-30 septembre, 1er octobre 1993, Montréal, AUF, Collection série francophone, 1994 ; p. 302. ; DEMBA SY, « La condition du juge en Afrique : l'exemple du Sénégal », 2003, www.afrilex.u-bordeau4.fr.

3 J. M. TCHAKOUA, « Le système d'arbitrage de la cour commune de justice et d'arbitrage en questions », *Rev. cam. arb.*, numéro spécial (2), Actes du Colloque APAA, 2010, p. 173 ; SOSSOU BIADJA (C.J.), L'arbitrage OHADA à l'épreuve de l'arbitrage État-investisseurs, Mémoire de master, Université de Genève, 2008-2009, p. 13.

procès et aux difficultés d'exécution de la décision[4]. En effet, les parties en conflit sont les personnes les plus légitimes pour définir la solution la plus opportune compte tenu de leurs intérêts propres, et du contexte pratique de leur différend[5].

Cette évolution des MARD est aujourd'hui perceptible dans les corporations. On y trouve des systèmes de justice interne à la corporation dont le but est parfois de faire échapper les litigants à la justice étatique[6]. C'est le cas dans le droit du sport qui est un exemple particulièrement significatif, dans lequel les justiciables éprouvent de sérieux problèmes d'accès au juge et à la justice en raison de la technicité de la matière. Dans un tel contexte, il n'est pas surprenant qu'ils songent aux MARD. En effet, pour assurer la protection des droits des sportifs et réguler les différents rapports entre les acteurs du sport, le Comité International Olympique (CIO) avait prescrit aux fédérations nationales la création de juridictions sportives statuant en dernier ressort au plan national[7]. C'est à la suite de ce constat que le législateur camerounais a, dans la Loi n° 2018/014 du 11 juillet 2018 portant organisation et promotion des activités physiques et sportives au Cameroun, érigé les MARD comme mode de règlement des litiges sportifs.

Le différend de travail — qui est une variété de litiges sportifs — est défini par ladite loi comme toute contestation née de l'application des règles et/ou des normes édictées par les fédérations sportives

---

[4] P. LAVIGNE, « L'intérêt de la médiation et de la conciliation en tant que mode de règlement des litiges », *Petites affiches*, n° 108, p.51.

[5] M.-C. Rivier, « L'éviction de la juridiction étatique », in Le conventionnel et le juridictionnel dans le règlement des différends, Économica, 2001, p. 23.

[6] Ch. TCHATCHOUANG, « Le règlement des litiges sportifs devant la Chambre de Conciliation et d'Arbitrage — CCA CNOSC », *in SHS Web of Conferences 32*, 03003 (2016).

[7] Au Cameroun, la mise en œuvre de la lettre circulaire du CIO s'est faite progressivement. Le cadre institutionnel de gestion des litiges sportifs qui existait par la loi n — 96/09 du 05 août 1996 fixant la Charte des activités physiques et sportives a été amélioré par la loi n — 2011/018 du 15 juillet 2011 relative à l'organisation et à la promotion des activités physiques et sportives qui, elle-même, a été abrogée par la Loi Loi n° 2018/014 du 11 juillet 2018 portant organisation et promotion des activités physiques et sportives. Mais auparavant, l'article 37 des Statuts et règlement intérieur adoptés le 10 mars 2005 par le Comité National Olympique et Sportif du Cameroun a créé une Chambre de Conciliation et d'Arbitrage chargée de connaitre du contentieux sportif au Cameroun.

nationales et/ou les instances faitières internationales auxquelles elles sont affiliées pour l'encadrement de la pratique de la discipline sportive concernée ; ou d'un contrat de droit privé dont l'objet est de nature sportive. Ainsi, on peut déduire que le différend de travail est toute contestation née de la relation de travail entre un travailleur appartenant au mouvement sportif, et son employeur qui est une instance du mouvement sportif. Pour avoir une idée plus concrète de la question, il faut s'en référer au Règlement de la Chambre nationale de résolution des litiges (CNRL) de la Fédération camerounaise de football (FECAFOOT) dont l'article 1er définit la compétence de la chambre, en énumérant les types de litiges qu'elle peut connaître. On peut lire que la compétence du CNRL s'étend :

- aux litiges entre les clubs et les joueurs en relation au maintien de la stabilité contractuelle ;
- et aux litiges relatifs au travail entre un club et un entraîneur.

Le différend de travail, objet de notre étude, est donc le différend portant sur l'exécution du contrat entre un club et son entraîneur ; ou entre un club et son joueur. Cette question est d'autant plus cruciale que l'expérience montre que de nombreux joueurs et entraîneurs sont le plus souvent victimes des abus de leurs clubs[8].

Puisque nous sommes au cœur du droit du travail, et malgré la spécificité du droit du sport, la négociation qui est fondamentalement enracinée dans la relation de travail n'y échappe[9] pas. Il n'est donc pas surprenant d'étudier la conciliation dans le règlement des différends de travail dans le domaine sportif. Le mouvement sportif dans tous les pays a quasi apprivoisé le règlement des litiges[10]. Le traitement des litiges sportifs commence au sein de chaque fédération. En effet, selon l'article 94 de la loi précitée, « *Les litiges d'ordre sportif opposant les associations sportives, les sociétés sportives, les licenciés et les fédérations sportives sont résolus en premier ressort suivant les règles propres à chaque structure sportive* ».

---

[8] Sur la question lire, D. BAKEHE, Les conflits sportifs au Cameroun et leurs règlements », *ARNT*, Villeneuve, 2016, p. 156.

[9] J. C. NCHIMI, « La négociation en droit du travail camerounais », *RJA*, 1994, 113.

[10] F. DIKOUME, Le contentieux camerounais devant les instances arbitrales internationales, SHS Web of conference, 32. 2016.

Le même texte poursuit en ces termes : « *Les fédérations sportives sont tenues d'inscrire, dans leur statut, une clause compromissoire ou la possibilité de recourir à un compromis d'arbitrage devant la Chambre de Conciliation et d'Arbitrage siégeant en matière d'arbitrage. En cas de conflit d'ordre sportif* ». De cette disposition, il ressort qu'au Cameroun, les litiges sportifs se résolvent à deux niveaux : dans les fédérations à travers leurs propres règlements, mais aussi par les méthodes alternatives de justice dans les institutions qui y sont reconnues à cet effet. Cette loi met délibérément le juge de droit commun hors de la résolution de la chose sportive, et cantonne celui-ci à l'aspect pénal du sport[11].

La conciliation est un mode alternatif de règlement de différend dans lequel les parties sollicitent les services d'un tiers appelé conciliateur, afin que celui-ci les aide à trouver une solution à leur litige. Elle s'apparente à la médiation ; mais se démarque nettement de l'arbitrage dans le lequel le tiers est muni d'un pouvoir juridictionnel, et la décision s'impose aux parties.

Que la conciliation soit utilisée comme mode de traitement des litiges sportifs, cela n'a rien de surprenant. Son utilité dans le domaine sportif n'est plus à démonter. Elle présente un intérêt considérable pour le mouvement sportif, dans la mesure où elle lui permet de tenter de régler lui-même et à l'amiable les conflits générés au sein du périmètre sportif ; ceci dans les délais courts et parfois en cas d'urgence, en quelques jours[12]. Par sa consécration dans le mouvement sportif camerounais, il n'est guère envisageable de laisser aux fédérations sportives la maîtrise exclusive du règlement du contentieux sportif ; car toute personne doit avoir le droit de critiquer devant une institution indépendante des parties, une mesure ou une sanction qui lui fait grief.

---

[11] D. BAKEHE, *op. cit.*, p. 157. (L'auteur va plus loin jusqu'à fustiger cet état des choses. Pour lui, malgré la spécificité du droit du sport et de ses méthodes, les licenciés vivent d'abord dans un État ayant ses lois. Quitte à adapter les textes et les règlements d'une fédération nationale à sa fédération internationale, il faut prendre en compte le droit interne du pays d'appartenance de ces institutions. L'auteur poursuit en affirmant que « néanmoins, nos recherches nous ont permis de découvrir que le juge de droit commun s'était saisi de certaines affaires en lien avec le sport au Cameroun, confirmant ainsi notre hypothèse selon laquelle, l'on ne peut empêcher un citoyen d'accéder au juge si le besoin se fait ressentir ».

[12] Jean Michel Brun, Propos introductif, *in Le préalable obligatoire de conciliation*, Dalloz, 2008, p. 67.

Dans un tel contexte, il n'est pas surprenant de songer au recours aux MARD, notamment à la conciliation.

Une précision s'impose. La conciliation du règlement des différends de travail dans le mouvement sportif camerounais présente une certaine particularité. En effet, par leur adhésion aux statuts du Comité National Olympique et Sportif du Cameroun (CNOSC), les fédérations et associations sportives, ainsi que leurs membres, s'obligent à soumettre à la Chambre de conciliation et d'arbitrage du CNOSC tous les litiges à caractère sportif dont ils ont la libre disposition[13]. Par cette disposition, la voie des MARD s'impose à ces fédérations sportives qui ne peuvent s'y soustraire. La conciliation du règlement des différends de travail dans le milieu sportif est donc une conciliation imposée et non négociée, et présente un double visage. En effet, ce n'est qu'en cas d'épuisement des voies de recours internes à la structure sportive concernée que le litige peut être porté en dernier ressort au plan national :

- soit devant la chambre de conciliation et d'arbitrage du CNOSC ;
- soit devant les juridictions administratives ou de droit commun, eu égard à la nature du litige, conformément à la législation en vigueur[14].

L'intérêt de ce travail importe plus que jamais de présenter une vue d'ensemble des différentes procédures de règlement des différends de travail dans le domaine sportif. Il s'agit de présenter aux acteurs du mouvement sportif les spécificités du règlement de ce type de différends. L'objectif est donc de relever les éléments de particularité de la procédure, de ressortir les difficultés et d'y trouver des solutions.

Devant le CNOSC, la conciliation est érigée en une étape préalable obligatoire à laquelle les parties ne peuvent y déroger. En effet, l'article 96 alinéa 1 de la Loi sur les activités sportives précise que « *Les litiges portés devant la chambre de conciliation et d'arbitrage font l'objet d'une conciliation préalable et obligatoire* ». De même, devant la juridiction de droit commun, tout travailleur ou tout employeur doit demander à

---

[13]Article 1er Statut et règlement de procédure du CNOSC.

[14] Article 95 de la Loi portant organisation et promotion des activités physiques et sportives au Cameroun.

l'inspection du travail du lieu de travail de régler le différend à l'amiable[15]. La conciliation devant l'inspecteur du travail est une étape préalable et obligatoire. La difficulté réside très souvent au niveau des suites de la conciliation. En effet, il peut arriver que cette procédure n'ait pas abouti, et qu'il faille trouver une autre solution pour le règlement du litige. La question sera alors celle de savoir quelle voie choisir. De même, la conciliation peut aboutir à l'extinction du litige matérialisée par la conclusion d'un accord. Il faillit alors envisager les modalités d'exécution de cet accord.

Ainsi de tout ce qui précède, il ressort que la conciliation est un préalable au règlement des différends de travail dans le domaine sportif (I), dont il convient d'étudier ses suites (II).

I- Le préalable de la conciliation

Si la conciliation est un préalable obligatoire dans le processus de règlement des différends de travail dans le domaine sportif, c'est certainement parce que le législateur a trouvé en cette étape une certaine utilité. C'est pourquoi après avoir étudié les fondements du caractère préalable de la conciliation (A), nous verrons comment elle se déroule (B).

A- Les fondements du caractère préalable de la conciliation

L'étude des fondements du caractère préalable de la conciliation renseigne sur les dispositions juridiques qui soutiennent cette exigence et surtout les raisons de ce choix. C'est pourquoi il faut distinguer les fondements légaux (1) des fondements extra-légaux (2).

1- Les fondements légaux

Pour mieux comprendre les fondements légaux de la conciliation dans la résolution des litiges de travail dans le domaine sportif, il faut faire la différence sur le type de conciliation qui est mise en œuvre. En effet, après l'épuisement des voies de recours interne aux fédérations sportives, les protagonistes ont le choix entre saisir le CNOSC ou alors la juridiction de droit commun compétente dans l'État[16].

---

[15] Article 139 alinéa 1 du Code du travail camerounais.

[16] Il convient de signaler que le non-respect de l'épuisement des voies de recours interne est un motif de non-conciliation devant la Chambre de conciliation et

Pour ce qui est du CNOSC, l'article 96 alinéa 1 de la Loi sur les activités sportives précise que « *Les litiges portés devant la chambre de conciliation et d'arbitrage font l'objet d'une conciliation préalable et obligatoire* ». Le règlement de procédure du CNOSC a également précisé ce caractère obligatoire de la conciliation dans plusieurs de ses dispositions. L'article 42 dudit Règlement indique que « Toute procédure soumise à la chambre d'arbitrage doit faire l'objet d'une conciliation préalable et obligatoire ». L'article 29 alinéa 2 indique d'ailleurs que les procédures sont administrées sur la base du respect du principe de la conciliation obligatoire. Cela signifie que l'inobservation de cette procédure est un motif de rejet de la requête d'arbitrage.

Ces dispositions sont en réalité des innovations au moins sur deux points. Premièrement, la Loi N° 2011/018 du 15 juillet 2011 relative à l'organisation et à la promotion des activités physiques et sportives — qui a été révisée en 2018 — n'apportait aucune précision sur la conciliation, dans ce sens qu'elle se limitait à disposer en son article 44 que « (1) Les litiges d'ordre sportif opposant les associations sportives, les sociétés, les licenciés et les fédérations sportives sont résolus suivant les règles propres à chaque fédération. (2) En cas d'épuisement des voies de recours internes à la fédération, l'une des parties peut, en dernier ressort au plan national, saisir la Chambre de Conciliation et d'Arbitrage instituée auprès du Comité National Olympique et Sportif du Cameroun ». Toutefois, le Règlement de procédure du CNOSC en vigueur à cette époque distinguait deux procédures de conciliation qui peuvent être mises en œuvre par le président de la Chambre, selon la qualité des demandeurs ou la nature de la mesure contestée : la conciliation obligatoire et la conciliation facultative.

- La conciliation est obligatoire, lorsque le litige oppose, à l'exception des conflits mettant en cause des faits de dopage, les

d'arbitrage du CNOSC. Dans l'affaire UMS de Loum c./Avion Academy FC et Fécafoot qu'a connue récemment cette chambre, les conciliateurs ont rendu un Procès-verbal de non-conciliation au motif que la partie demanderesse n'avait pas respecté la procédure de l'épuisement des voies de recours internes de la commission des recours de la Fécafoot (PV n° 063/CCA/NC/23).

fédérations agréées aux groupements sportifs qui leur sont affiliés ou licenciés.

- La conciliation est facultative, lorsque le litige n'entre pas dans le domaine de la conciliation obligatoire. Dans ce cas, la Chambre ne statue qu'avec l'accord des parties. La procédure n'entraîne pas de suspension de la décision contestée.

Devant la juridiction de droit commun, c'est-à-dire au cas où après l'épuisement des voies de recours internes aux fédérations sportives et que les parties ont décidé choisir la voie du juge social, la conciliation est également une étape préalable obligatoire dont le fondement juridique est tiré de l'article 139 alinéa 1 du Code du travail aux termes duquel « Tout travailleur ou tout employeur doit demander à l'inspection du travail du lieu de travail de régler le différend à l'amiable »[17]. Le règlement du différend devant l'inspection du travail est ainsi un préalable obligatoire avant la mise en œuvre de toute action judiciaire à l'encontre de l'employeur ou du salarié[18]. Il s'agit d'un principe de procédure d'ordre public auquel n'échappent pas les litiges de travail dans le domaine sportif. Cela signifie qu'avant de saisir la juridiction compétente, le travailleur sportif ou entraîneur victime de licenciement abusif doit avant tout, et après épuisement des voies de recours internes à la fédération sportive, saisir l'inspection du travail du lieu de son travail aux fins de tentative de conciliation avec son club employeur. Le non-respect de cette procédure est une cause d'irrecevabilité devant le juge social. La jurisprudence en matière sociale est d'ailleurs constante sur la question. Pour le juge social, « En vertu de l'article 139 alinéa 1 du Code du travail de 1992 en matière sociale, les parties ont l'obligation de soumettre tous les chefs de demandes relatifs à leur différend au préliminaire de conciliation. Il s'agit là d'une

---

17 D. TAKAFO-KENFACK, « La mission de l'inspecteur du travail au Cameroun », *Revue de droit comparé du travail et de la sécurité sociale*, 1, 2018, p. 76.

18 F. RENUCCI, « L'inspection du travail et le droit en Afrique francophone au XX ème siècle », In S. El. Mechat (dir.), Les administrations coloniales (XIX ème -XX ème siècles). Esquisse d'une histoire comparée, Presses Universitaires de Rennes, Rennes, 2009, p. 253-263.

formalité substantielle dont l'inobservation entraîne l'irrecevabilité de la demande »[19].

Si la conciliation est un préalable obligatoire tant devant le CNOSC que devant les juridictions de droit commun, certainement c'est parce que le législateur a pris en compte ses fondements extra-légaux.

2- Les fondements extra-légaux

Que la conciliation soit au cœur du règlement des litiges dans le milieu sportif en général, cela n'a rien de surprenant. Qu'elle soit un moyen pour le règlement des litiges de travail dans le domaine sportif en particulier, cela va de soi. En effet, les arguments qui ont milité en faveur de l'utilisation de la conciliation dans le règlement des litiges de travail dans le domaine sportif sont de deux ordres : les arguments tirés des valeurs de paix et de l'Olympisme du sport ; et les arguments tirés de l'enracinement de la négociation en droit du travail.

Pour l'argument tiré de la paix et de l'Olympisme comme vecteur du sport, il faut dire que l'Olympisme est une philosophie de vie exaltante ; combinant, en un ensemble équilibré, les qualités du corps et la volonté et de l'esprit. Alliant le sport à la culture et à l'éducation, l'Olympisme se veut créateur d'un style de vie fondé sur « *la joie dans l'effort, la valeur éducative du bon exemple* et *le respect des principes éthiques fondamentaux universels* ». Ainsi, pour Thomas BACH, président du Comité International Olympique (CIO), « *le sport est un moyen puissant de jeter des ponts, de rassembler les gens et de façonner la paix ; il permet de nouer des amitiés et de tracer des lignes de respect au-delà des frontières. Les valeurs de paix et de tolérance sont donc les paradigmes dominants du sport* »[20]. Pour lui, le besoin de solidarité et de paix restait clairement le principe directeur du Mouvement olympique, « Sans solidarité, point de paix ». Et de conclure qu'« *En ces temps de divisions et de conflits, les citoyens du monde entier aspirent à une force fédératrice à même de rassembler l'humanité. À cet égard, le*

[19] CS. Ch. Jud. Sect. SOC., arrêt n° 78/S du 28 juin 2007, Pourvoi du 5 août 2002, Dossier n° 31/03-04, Sté DAK services c/Matip MBILLA, Rapp. M. Suzanne MENGUE, Conseiller, inédit.

[20] Discours prononcé lors de la journée de l'olympisme, 23 juin 2002.

Mouvement olympique a beaucoup à offrir avec notre mission d'unir la planète tout entière dans une compétition pacifique ».

De tout ce qui précède, on peut dire sans se tromper que la conciliation est une justice fondée sur la paix et le pardon, qui s'inscrit alors en droite ligne de ces idéaux du Président du CIO. En effet, dans la conciliation, les parties sont à l'origine de la solution à leur litige ; et l'accord de conciliation est le fruit des concessions réciproques. Ce mode de règlement de différend est donc une justice de paix qui promeut les valeurs défendues par l'Olympisme. C'est donc normal qu'il soit un préalable obligatoire dans le processus de règlement des litiges de travail dans le domaine sportif.

Pour l'argument tiré de l'enracinement de la négociation en droit du travail, il faut dire que la négociation est foncièrement rattachée au droit du travail[21]. En effet, au lendemain de la promulgation de la loi n 92/007 du 14 août 1992 portant Code du travail, on a décelé une orientation vers un droit flexible qui laisse une place privilégiée aux règles négociées au détriment de normes substantielles du code quand les relations de travail deviennent tumultueuses. Le droit du travail camerounais privilégie la négociation comme mode de résolution des différends[22]. C'est alors la raison pour laquelle dans le cadre de la résolution des litiges de travail, quelle que soit leur nature, la procédure commence par la conciliation obligatoire devant l'inspecteur du travail[23]. Cette étape importante a pour but de faire que les parties au différend trouvent un accord et pour y parvenir, elles doivent négocier pour se faire des concessions réciproques.

Les fondements de la conciliation ainsi étudiés, il est important de voir comment elle est mise en œuvre.

B- Le déroulement de la conciliation

Il faut distinguer selon que la conciliation se déroule devant la CNOSC (1), ou devant l'inspecteur du travail (2).

---

21 J. C. NCHIMI, « La négociation en droit du travail camerounais », RJA, 1994, 113.

22 P.G. POUGOUE et J. M. TCHAKOUA, « Le difficile enracinement de la négociation en droit du travail camerounais », *Afrliex*, 2000.

23 4, n° 140-141, VII. 18 H. Kabore, Le rôle de l'inspection du travail dans le fonctionnement de l'entreprise au Burkina Faso, Mémoire, École nationale d'administration et de magistrature, Burkina Faso, 2013.

1- Devant le CNOSC

Ici, la conciliation s'opère à la demande de l'une des parties dans tous les litiges sportifs ou d'ordre sportif. Elle peut être demandée conjointement par les deux parties[24]. Mais, la condition essentielle qui est vérifiée par la Chambre est l'épuisement des voies de recours internes à l'association sportive. Les conciliateurs ne sont pas juges de la recevabilité des requêtes. Mais, ils s'assurent de la compétence matérielle ou d'attribution relativement au litige qui leur est soumis[25]. Il convient de signaler que le délai pour saisir la chambre en conciliation est de 30 jours, sous peine de forclusion ; à compter de la notification, publication ou connaissance de la décision contestée. Le non-respect de ce délai emporte l'irrecevabilité de la requête pour cause de forclusion[26]. Toutefois, la saisine de la chambre n'entraîne pas la suspension de la décision contestée[27].

Après le dépôt de la requête introductive d'instance par la partie demanderesse, la liste des conciliateurs lui est communiquée par le greffe. À peine de forclusion, la partie demanderesse dispose d'un délai de 10 jours pour payer sa quote-part de frais de conciliation et désigner un conciliateur. Une fois la preuve du paiement de ces frais effectuée, le Président désigne le conciliateur chargé de présider le collège. Ce choix est notifié à la partie demanderesse et aux autres parties du litige. Par la suite, la requête, le nom du conciliateur désigné par la partie demanderesse ainsi que celui du président du collège sont communiqués à la partie défenderesse ou aux autres parties. Elles disposent d'un délai de quatre jours pour récuser le conciliateur désigné et le Président désigné pour des motifs légitimes ; et d'un délai de dix jours pour payer sa quote-part de frais de conciliation, désigner un conciliateur et déposer son (ou leur) mémoire en réponse, le tout à peine de forclusion. Si aucune demande de récusation n'est intervenue dans le délai requis, le Rapporteur général greffier en chef confirme, sans aucune autre formalité, la composition du collège.

---

[24] Article 30 al. 2 Règlement de procédure du CNOSC.
[25] Article 30 al. 3 Règlement de procédure du CNOSC.
[26] Article 19 al. 6 Règlement de procédure du CNOSC.
[27] Article 30 al. 3 Règlement de procédure du CNOSC.

Le paiement des frais de conciliation par toutes les parties au litige est obligatoire pour le déclenchement de la procédure[28]. Le montant du droit fixe pour les procédures ordinaires est de 300 000 FCFA, payable par chacune des parties pour les demandes non pécuniaires. Pour les demandes pécuniaires par contre, le requérant paie 10 % du montant de la créance réclamée ; et la partie défenderesse ou les autres parties au litige quant à elle (s) paie (ent) le droit fixe de 300 000 FCFA. Une partie qui ne s'acquitte pas de ces frais est déchue de son droit de choisir un conciliateur. Mais le Règlement de procédure du CNOSC autorise la partie diligente à se substituer à la partie défaillante pour payer lesdits frais. De façon générale, en cas de non-paiement total des desdits frais, la demande est classée et les frais avancés acquis. Suite à la demande motivée de la partie défaillante, le président de la chambre peut l'autoriser à recourir à un paiement différé[29]. Dans ce cas, la partie défaillante est tenue de s'exécuter avant la mise en délibéré de l'affaire.

En ce qui concerne l'instruction de l'affaire, elle se fait de façon confidentielle[30] en observant les règles du procès équitable. À cet égard, les conciliateurs doivent demeurer indépendants et impartiaux, et respecter les droits de la défense.

2- Devant l'inspecteur du travail

Il faut commencer par rappeler que l'inspecteur du travail a la compétence exclusive pour connaître de la procédure de conciliation[31], et la jurisprudence est claire sur la question[32]. À cet effet, il est saisi au moyen d'une requête aux fins de tentative de conciliation. Au plus tard dans les 15 jours suivants le dépôt d'une plainte, l'inspecteur du travail ou son délégué doit convoquer les parties pour une tentative de conciliation. Dans le cas où l'une ou les deux parties ne se présentent

---

28 Article 31 al. 5 Règlement de procédure du CNOSC.

29 Article 21 al. 8 Règlement de procédure du CNOSC.

30 Article 22 Règlement de procédure du CNOSC.

31 Gr. Gh. TSASSE SAHA, « Le procès-verbal de tentative de conciliation », in *Les grandes décisions du droit du travail et de la sécurité sociale*, J. M. TCHAKOUA S./Dir. JustPrint, 2016, p. 493.

32 (TGI de Bafoussam, n° 5 du 13 janvier 1993 ; Cour d'appel de Bafoussam n° 35/S du 7 mai 1992).

pas au jour et à l'heure indiqués, une seconde convocation leur est adressée[33]. Les parties doivent comparaître en personne, ou se faire valablement représenter. Hormis les avocats, les représentants des parties doivent être munis d'une procuration régulière.

Sauf cas de force majeure, si le demandeur ne comparaît pas après la deuxième convocation ou ne se fait pas valablement représenter, et s'il est prouvé que la convocation lui est effectivement parvenue, sa plainte est classée purement et simplement. Pour ce qui est du défendeur, s'il ne comparaît pas après la deuxième convocation ou ne se fait pas valablement représenter, et s'il est prouvé que la convocation lui est effectivement parvenue, l'inspecteur du travail dresse un procès-verbal de non-conciliation par défaut.

De tout ce qui précède, la conciliation comme mode de règlement des différends de travail dans le domaine sportif est un préalable obligatoire dont l'inobservation impacte la suite de la procédure. En effet, le non-respect de la conciliation est une cause de rejet de la demande, tant devant la Chambre de conciliation et d'arbitrage que devant le juge social. Mais lorsque cette étape préalable est respectée, il devient alors important d'analyser les suites de la conciliation.

II-Les suites de la conciliation

Quelle que soit la conciliation choisie, l'objectif est de parvenir à un accord pour mettre un terme au litige de travail dans le domaine sportif. Il se pose deux issues possibles : soit les parties trouvent un accord ; soit il n'y a pas d'accord, et elles décident de poursuivre la procédure qui s'offre à elles. Dans la première hypothèse, on parle de la suite heureuse de la conciliation (A) ; alors que dans la seconde, on parle de suite malheureuse (B).

---

33 Article 2 al. 4 l'Arrêté N° 011/MTPS/DEC du 23 mai 1978 Fixant les modalités de convocation et de comparution des parties devant l'Inspection du Travail.

A- La suite heureuse : l'accord de conciliation

La suite heureuse de la conciliation est matérialisée par la conclusion d'un accord contenu dans le procès-verbal de conciliation totale ou partielle qui produit des effets (1), et qui devrait normalement être exécuté (2).

1- Les effets du procès-verbal de conciliation

Quelle que soit la voie choisie par les parties au litige de travail dans le domaine sportif, et après l'épuisement des voies de recours internes à la fédération, l'accord de conciliation est l'objectif à atteindre[34]. Pour y parvenir, les parties doivent se faire des concessions réciproques ; et c'est à ce niveau que le rôle du conciliateur est important. Il doit leur prêter ses bons offices. C'est dans ce sens que l'article 35 du Règlement de procédure de la Chambre de conciliation et d'arbitrage précise que « *le collège des conciliateurs doit s'impliquer autant que faire se peut pour amener les parties à se concilier. Il doit mettre en place des conditions pour rapprocher les parties. Les conciliateurs jouent un rôle actif dans la recherche des solutions et non un rôle passif* ».

Une fois l'accord conclu, le procès-verbal de conciliation est signé et il produit un certain nombre d'effets. Toutefois, il convient de rappeler que l'accord peut être total ou partiel. Lorsque l'accord est total, il met fin au litige et il est constaté dans le procès-verbal de conciliation totale. Par contre, lorsque l'accord est partiel, il est constaté dans le procès-verbal de conciliation partielle pour la partie conciliée. De même, le Règlement de procédure de la Chambre de conciliation et d'arbitrage a prévu que si les parties conviennent d'un accord mettant fin de manière définitive au litige, alors que la chambre est saisie dudit litige, celle-ci homologue ledit accord et dresse un procès-verbal dit d'homologation. S'il s'agit d'un accord partiel, la Chambre dresse un procès-verbal de conciliation partielle[35].

Les effets ici concernent alors le procès-verbal de conciliation totale, le procès-verbal de conciliation partielle pour la partie conciliée et le procès-verbal dit d'homologation. Ces effets sont de deux ordres : la force décisoire et l'autorité de la chose jugée.

---

[34] J. C. NCHIMI, *op. cit.*, p. 113.
[35] Voir article 34 du Règlement de procédure du CNOSC.

Que ce soit devant le CNOSC ou devant l'inspecteur du travail, l'accord de conciliation produit la force décisoire. La force décisoire signifie que l'accord dessaisit les conciliateurs ou l'inspecteur du travail selon le cas du litige. Le Règlement de procédure du CNOSC l'indique clairement à l'article 39 alinéa 1 en ces termes : « la délivrance d'un procès-verbal entraîne le dessaisissement de la formation collégiale ». On peut également se demander si le procès-verbal de conciliation initialement rendu par les conciliateurs ou l'inspecteur du travail peut être remplacé par un autre. Il s'agit du cas, par exemple, où un procès-verbal de conciliation partiel a été rendu et que les parties sollicitent par la suite le conciliateur ou l'inspecteur du travail ; selon le cas pour son remplacement en raison d'un nouvel accord qui met définitivement un terme au litige qui les oppose. La réponse doit être positive si le nouveau procès-verbal résulte de la volonté des parties au litige, et à la condition que toutes les parties soient d'accord pour opérer cette substitution.

L'autre effet de l'accord de conciliation est l'autorité de la chose jugée[36]. Le règlement de procédure de la Chambre de conciliation et d'arbitrage utilise une forme péremptoire pour traduire cette idée. Selon le Règlement, « le procès-verbal, dès lors qu'il est rendu, produit les effets d'un jugement et acquiert, à l'expiration des délais de recours, l'autorité de la chose jugée »[37]. La notion de « chose transigée » nous parait mieux indiquée pour traduire la réalité. La chose transigée s'entend du résultat des concessions faites à l'occasion d'un processus de conciliation ; et formalisées dans l'accord de conciliation conclu soit devant la Chambre de conciliation et d'arbitrage, soit devant l'inspecteur du travail selon le cas. L'accord est donc un mode de résolution des litiges relatifs à des droits préexistants[38]. Comme tel, l'accord met un terme au litige pour la contestation qui est à l'origine de son objet. L'autorité de la chose négociée signifie alors deux choses. Négativement, elle permet de soulever l'exception de chose négociée

---

36 Sur la question lire Gr. Gh. TSASSE SAHA, « Le procès-verbal de tentative de conciliation », *op. cit.*, p. 489 et s.

37 L'article 39 alinéa 3 du Règlement.

38 G. DEHARO, « L'autorité de la chose jugée en matière civile », *Gaz. Pal.*, n° 335, 2005, p. 2.

dans le cas où l'affaire serait portée devant une quelconque juridiction pour être jugée. Cela est vrai lorsque l'accord de conciliation recouvre une véritable transaction. C'est dans ce sens que la Cour suprême du Cameroun affirmait « qu'il est de jurisprudence constante que la conciliation totale devant l'inspecteur du travail a valeur de transaction qui s'impose aux parties et aux juges »[39]. En matière sociale, l'interdiction de soumettre un litige réglé par voie de conciliation au juge a toujours été rappelée par la Haute juridiction camerounaise[40]. Ainsi, une présomption de vérité légale est attachée à l'accord formalisé par l'inspecteur du travail ou le conciliateur selon le cas[41].

L'effet positif est que l'accord constitue un titre qui permet la mise en œuvre des mesures conservatoires. Ainsi, un accord de conciliation permet de pratiquer une saisie-attribution des créances[42], eu égard au caractère conservatoire de cette saisie. Ceci permet au créancier, reconnu par l'accord de conciliation, de former ensuite une double instance en exequatur et de conversion de la saisie. C'est déjà la problématique de l'exécution du procès-verbal de conciliation.

2- L'exécution du procès-verbal de conciliation

Si les parties ont conclu un accord constaté dans le procès-verbal, cela les prédispose à l'exécuter. C'est pourquoi le Règlement de procédure de la Chambre de conciliation et d'arbitrage a prévu que « le Procès-verbal est exécutoire de bonne foi par les parties dès sa notification »[43]. La bonne foi est alors au cœur de l'exécution de l'accord. L'article 66 alinéa 1 du Règlement précité rappelle encore ce principe en ces termes : « Tout procès-verbal de conciliation totale ou partielle ou dit d'homologation (...) doivent être exécutés de bonne foi, sans qu'il soit besoin de recourir à l'exécution forcée ». L'exécution spontanée du procès-verbal est donc privilégiée. La bonne foi tire en réalité son fondement de l'article 1134 alinéa 3 du Code civil qui dispose que les conventions doivent être exécuter de bonne foi. Cela est vrai dans la mesure où l'accord de conciliation est une convention,

---

[39] CS Cameroun, aff. Plantation Fotso Victor c/MEGNA Moise, 26 Nov. 2005.
[40] CS, n° 88/S du 14 avril 1998.
[41] Gr. Gh. TSASSE SAHA, *op. cit.*, p. 496.
[42] Voir Article 77 et s. Acte uniforme sur les voies d'exécution.
[43] Article 39 alinéa du Règlement de procédure de la CCA/CNOSC.

et comme il tient lieu de loi entre les parties[44] : c'est la force obligatoire du procès-verbal de conciliation qu'il convient de distinguer de la force exécutoire[45]. Cette dernière se pose lorsque l'accord n'est pas spontanément exécuté ou mieux, lorsqu'une partie est réticente quant à son exécution. Cette situation est très souvent vécue lors de l'exécution du procès-verbal de conciliation signé devant l'inspecteur du travail. Pour contourner cette attitude de la partie récalcitrante, il va falloir procéder à l'exécution forcée du procès-verbal de conciliation.

Pour ce qui est du procès-verbal de conciliation ou du procès-verbal dit d'homologation obtenu devant la Chambre de conciliation et d'arbitrage du CNOSC. En effet, l'article 66 du Règlement de procédure dispose qu'une partie munie d'un procès-verbal dit d'homologation, de conciliation totale ou partielle peut saisir le Président du Tribunal de première instance du lieu du siège de la Chambre de conciliation et d'arbitrage, aux fins d'apposition de la formule exécutoire. C'est donc cette formule exécutoire qui permettra de procéder à l'exécution forcée du procès-verbal. On peut tout de même se demander quel est l'intérêt pour le Règlement de préciser que la demande doit être faite devant la juridiction du siège de la Chambre. Qu'adviendrait-il si une partie engage la procédure devant le tribunal de première instance qui se situe hors du lieu du siège ? Cette précision est à notre avis inopportune ; la procédure peut avoir lieu devant n'importe quel Tribunal de première instance du lieu d'exécution du procès-verbal.

En ce qui concerne la conciliation devant l'inspecteur du travail, il s'agit d'un titre exécutoire dont l'exécution forcée peut être obtenue par le moyen de l'apposition de la formule exécutoire par le juge compétent. En effet, « En cas d'accord, un procès-verbal de conciliation rédigé et signé par l'inspecteur du travail et par les parties consacre le règlement à l'amiable du litige ; il devient applicable dès qu'il a été vérifié par le président du tribunal compétent et revêtu de la formule exécutoire »[46]. Mais, qu'en est-il de l'étendue du contrôle du

---

44 Article 1134 al. 1 du Code civil.

45 J. M. TCHAKOUA, La tentative de conciliation dans le règlement des différends de travail au Cameroun », *AFSJP/UD*, n° 1, janvier-juin 2002, p. 305.

46 Article 139 al. 1 du Code du travail ?

juge ? À ce sujet, le Code du travail brille par un mutisme et la doctrine est divisée. Alors qu'une partie de la doctrine estime qu'il pourrait examiner le fond de l'accord et éventuellement refuser de l'homologuer notamment lorsqu'il est saisi par une partie à l'accord qui invoque un vice de consentement[47], une partie estime plutôt que le président de la juridiction compétente saisie a pour mission de vérifier formellement que le document qui lui est soumis est régulier (signature des parties et de l'inspecteur du travail, absence de mention obligatoire)[48]. Il faut dire que la jurisprudence est favorable à la seconde thèse. Pour le juge, « la vérification et le visa du président du tribunal concourent à l'apposition de la formule exécutoire en vue d'une exécution forcée et que cette formalité n'a pas été instituée par le législateur avec pour objectif la remise ou non en cause des accords librement consentis »[49].

En cas de défaut d'accord, on est en présence d'une suite malheureuse de la conciliation.

B- La suite malheureuse : l'échec de la conciliation

Le défaut d'accord entre les parties est la preuve que la conciliation a échoué, et il se pose très généralement le problème de la suite de la procédure. Qu'est-ce que les parties doivent faire dans ce cas ? La solution dépend selon qu'on est devant la Chambre de conciliation et d'arbitrage (1), ou devant l'inspecteur du travail (2).

1- L'échec devant la Chambre de conciliation et d'arbitrage

En cas d'échec total ou partiel de la conciliation devant la Chambre de conciliation et d'arbitrage, les conciliateurs dressent le Procès-verbal de non-conciliation. Il se posera alors le problème des suites de la procédure. Sur la question, le Règlement de procédure de cette Chambre prévoit que le Procès-verbal de non-conciliation ouvre la voie à la procédure d'arbitrage[50]. De même, le procès-verbal de conciliation partielle ouvre la voie à la procédure d'arbitrage pour la

[47] P. G. POUGOUE et *alii*, Code travail annoté, PUA, 1997, p. 221.
[48] J. M. TCHAKOUA, *op. cit.*, p. 307.
[49] C.A de Yaoundé, n° 185/S du 28 septembre 1994, IJPS c/BINOUNGA, inédit.
[50] Voir Article 17 du Règlement portant sur les définitions.

partie non conciliée[51]. C'est la manifestation même du caractère préalable et obligatoire de la conciliation. D'ailleurs, l'article 42 alinéa 1 du Règlement de procédure de la Chambre de conciliation et d'arbitrage indique clairement que « Toute procédure soumise à la Chambre en arbitrage doit faire l'objet d'une conciliation préalable et obligatoire. La requête en arbitrage doit être accompagnée d'un procès-verbal de non-conciliation ou de conciliation partielle ». Ainsi, sans procès-verbal de non-conciliation, la requête en arbitrage est rejetée.

Par contre, le problème qui se pose à ce niveau peut être celui du fondement de la compétence de la Chambre pour connaître du différend en arbitrage. En en effet, l'arbitrage est une justice qui se fonde sur la volonté des parties, elle n'est pas une justice imposée. Les parties doivent s'accorder avant d'aller à l'arbitrage ; soit au moyen d'une clause compromissoire, soit au moyen d'un compromis d'arbitrage[52]. On peut légitimement penser que le consentement à l'arbitrage des fédérations et associations sportives, membres du CNOSC, est donné avec leur adhésion. Cette piste est d'autant plus pertinente que l'article 94 alinéa 2 de la Loi portant organisation et promotion des activités physiques et sportives au Cameroun indique que « les fédérations sportives sont tenues d'inscrire dans leurs statuts, une clause compromissoire, ou la possibilité de recourir à un compromis d'arbitrage devant la Chambre de conciliation et d'arbitrage, siégeant en matière d'arbitrage, en cas de litige d'ordre sportif. Ainsi, dans un litige de travail dans le domaine sportif opposant la fédération et une autre partie, le consentement de la fédération à l'arbitrage est donné d'avance. Le problème du consentement à l'arbitrage se pose alors pour l'autre partie si le litige oppose la fédération et cette dernière. Il en est de même du litige de travail sportif qui oppose un club et un joueur par exemple. On sait qu'aucune des deux parties n'a donné son consentement à l'arbitrage et logiquement, il est difficile d'aller à l'arbitrage. Pour résoudre cet éventuel blocage, la Loi portant organisation et promotion des activités physiques et sportives au Cameroun en son article 96 alinéa 2 dispose qu'"en cas de

---

[51] *Idem.*

[52] P. MEYER, *Droit de l'arbitrage*, Bruylant Bruxelles, 2002, p. 23.

non-conciliation totale ou partielle, et cas d'absence d'un accord sur la compétence de la Chambre de conciliation et d'arbitrage du CNOSC en matière d'arbitrage, le procès-verbal de non-conciliation totale ou partielle, ou l'acte qui en tient lieu, est réputé constituer une décision en dernier ressort au plan national". Ainsi, en cas de défaut de conciliation totale ou partielle, l'affaire est censée être tranchée en dernier ressort sur le plan national ; aucune juridiction sur le plan national ne peut donc connaître de l'affaire, même l'arbitrage du CNOSC si les parties ne se sont pas mises d'accord sur la compétence de l'arbitre. La seule voix restante est donc le recours à l'arbitrage du Tribunal Arbitral du Sport (TAS) en Suisse. Il en est ainsi parce que l'article précité indique clairement que ce procès-verbal est réputé constituer une décision rendue en dernier ressort sur le plan national. C'est la même procédure qui est suivie pour les sentences de la Chambre de conciliation et d'arbitrage. En effet, ces sentences ne sont susceptibles de recours que devant le TAS en Suisse.

L'échec de la conciliation devant l'inspecteur du travail pose également le problème des suites de la procédure.

2- L'échec devant l'inspecteur du travail

Comme devant la Chambre de conciliation et d'arbitrage, l'échec de la conciliation peut être total ou partiel. En cas de conciliation partielle, le procès-verbal mentionne les points sur lesquels un accord est intervenu ; et ceux sur lesquels un désaccord persiste[53]. Par contre, en cas d'échec de la tentative de conciliation, l'inspecteur du travail dresse un procès-verbal de non-conciliation[54]. Une fois le procès-verbal de non-conciliation totale ou partielle dressé, la partie la plus diligente introduit une action par déclaration orale ou écrite au greffe du tribunal compétent. La déclaration doit, à peine d'irrecevabilité, être accompagnée d'un exemplaire du procès-verbal de non-conciliation ou de conciliation partielle. Deux choses retiennent l'attention sur la suite de la procédure devant le tribunal compétent. La première est la liberté de forme de la déclaration, et la seconde est l'exigence de la production du procès-verbal de non-conciliation. Pour la forme, le juge a eu à le

53 Article 139 al. 4 du Code du travail.
54 Article 139 al. 5 du Code du travail.

rappeler en ces termes : "*il résulte qu'en matière sociale, la forme écrite n'est pas obligatoire, l'action pouvant être introduite même par déclaration orale dûment enregistrée au greffe de la juridiction compétente. Encourt la cassation, l'arrêt qui pour décider que la déclaration faite par un avocat pour le compte de son client et signée de lui et du Président en exécution de l'article 148 du même Code, ne saurait tenir lieu de déclaration écrite ou orale visée à l'article 147 précité et que l'on rechercherait vainement dans le dossier de la procédure trace d'une quelconque déclaration écrite ou orale faite en application de l'article 147 alinéa 1 précité* »[55].

En conclusion, il ressort de cela que le règlement des litiges de travail dans le domaine sportif oscille entre deux ordres juridiques : l'ordre juridique sportif et l'ordre juridique étatique. Ces deux ordres juridiques dialoguent pour rendre efficace le règlement du différend de travail sportif. En effet, l'ordre juridique sportif en raison de la technicité de la matière laisse les soins aux paires de trancher les litiges de leurs membres, en imposant que ces litiges soient au préalable soumis aux fédérations. Ce n'est qu'en cas d'échec que les parties ont le choix soit recourir devant la chambre de conciliation et d'arbitrage du CNOSC où la conciliation est obligatoire, ou l'inspecteur du travail dont la tentative de conciliation est une étape obligatoire. La conciliation apparaît ainsi comme un préalable obligatoire, tant devant l'ordre juridique sportif que devant l'ordre juridique étatique.

---

[55] CS. arrêt n° 22/S du 20 octobre 2005, Pourvoi n° 56/S/99-00 du 09 octobre 1999, Teky Martin c/Sté Fougerolle, rapp. M. Suzanne Mengue, Conseiller, inédit.

LE CONTRAT DE FORMATION DES JOUEURS DE FOOTBALL

Par

Joseph Thierry KOUMENI TCHOUPE

Docteur/PhD en Droit privé, Consultant

Résumé

La formation dans le sport est un concept qu'on peut qualifier de rassembleur. Tout le monde vante les mérites de la formation. Elle est à l'origine des grands succès qu'a connus l'équipe nationale de football au fil des ans. Son importance est telle que le législateur camerounais lui a consacré une loi. C'est ainsi qu'en 2018, il a été adopté la loi n° 2018/010 du 11 juillet 2018 régissant la formation professionnelle au Cameroun. C'est toujours dans l'optique de valoriser la formation que les pouvoirs publics ont mis sur pied l'Académie Nationale de Football (ANAFOOT). Pour rentrer dans une académie de formation, le jeune sportif doit conclure avec celle-ci un contrat de formation. D'ailleurs, l'article 40 alinéa 3 des Règlements généraux de la FECAFOOT dispose que : *« Est en formation, tout joueur ayant signé, en cette qualité, un contrat homologué par la FECAFOOT en faveur d'un club (…) »*. Seulement, en dehors de ce texte, le législateur fédéral ne fait aucune autre précision concernant le contrat de formation. Son contenu est donc laissé à la totale liberté des parties ; ce qui est un réel risque pour le jeune sportif. On peut dès lors comprendre l'abondant contentieux en la matière. La présente étude s'est donnée pour mission de faire ressortir le cadre juridique qui entoure le contrat de formation ; de sa conclusion, en passant par son exécution jusqu'au règlement du contentieux qui peut en découler.

Introduction

L'évolution du sport dans le monde au cours des dernières années a pris une telle ampleur qu'elle ne peut laisser aucun pays indifférent. La tendance a été de régulariser l'activité sportive par le biais du Droit. C'est dans cette mouvance qu'au Cameroun, il a été adopté la loi n° 96/09 du 5 août 1996 fixant la charte des activités physiques et sportives, suivie par la loi n° 2011/018 du 15 juillet 2011 ayant le même objet. La quête de la professionnalisation du sport à travers ces textes a eu pour conséquence la naissance des métiers du sport ; il devenait plus qu'évident que le droit social ne pouvait plus se désintéresser du sort des sportifs devenus salariés. Plus récemment, la professionnalisation trouve son ancrage dans la loi n° 2018/014 du 11 juillet 2018 portant organisation et promotion des activités physiques et sportives au Cameroun. Cette loi confirme l'existence de l'emploi des sportifs ou du salariat sportif en ces termes : *« le club sportif professionnel emploie des sportifs professionnels*[1] *contre rémunération fixée d'accord parties »*[2]. Le sport en général et le football en particulier étant devenus une profession à part entière, il devenait plus que nécessaire pour les acteurs de cette discipline de détecter et former assez tôt les jeunes pépites afin qu'ils fassent carrière dans le football.

La formation dans le sport en général et dans le football en particulier est un concept qu'on peut qualifier de rassembleur. Tout le monde célèbre les mérites de la formation. Alors que les philosophes du sport louent son aspect éducatif ; les utilitaristes mettent en valeur l'efficacité de la formation, puisqu'elle est porteuse de nombreux succès

---

[1] La notion de sportif professionnel est une notion plurale. Le professionnel peut désigner, dans une acception répandue, toute personne exerçant une ou plusieurs activités sportives aux fins de réaliser, non seulement une performance, mais encore des bénéfices lui procurant un revenu nécessaire à son existence. Le sportif professionnel est, en d'autres termes, celui qui exerce un métier. Le professionnel peut également désigner, dans une acception plus resserrée, tout salarié titulaire d'un contrat de travail. Cf. BUY (F.), MARMAYOU (J-M), PORACCHIA (D.) et RIZZO (F.), *Droit du sport*, 6e édition, LGDJ, 2020, p. 311.

[2] Article 40 alinéa 1 de la loi n° 2018/014 du 11 juillet 2018 portant organisation et promotion des activités
physiques et sportives au Cameroun.

sportifs[3]. Elle est appréhendée comme un avantage stratégique en termes de détection des jeunes talents. Une grande partie des légendes du football au Cameroun est passée par des centres de formation[4] camerounais. C'est le cas notamment de Modeste M'bami, Samuel Eto'o, Idriss Carlos Kameni, etc. Ces derniers ont été formés par la Kadji Sport Académies[5]. C'est à cette formation des jeunes camerounais que l'on doit les plus grands succès de l'équipe nationale de football.

Lorsqu'on a fait ce constat élogieux, il est évident qu'il faut valoriser la formation. Les échecs de l'équipe nationale de football qui se sont succédé au début de l'année 2010 font que tout le monde s'accorde là-dessus. Le foisonnement des textes législatifs et réglementaires, ainsi que les normes conventionnelles ratifiées par le Cameroun démontrent à suffisance que la formation est au cœur des préoccupations des politiques publiques. C'est ainsi qu'il a été adopté la loi n° 2018/010 du 11 juillet 2018 régissant la formation professionnelle au Cameroun. C'est toujours dans l'optique de valoriser la formation *« qu'un traitement de faveur lui est accordé quelquefois dans la façon d'appliquer certaines règles juridiques traditionnelles »*[6]. C'est ainsi que dans le cadre des transferts, on voit bien que les textes fédéraux nationaux[7] et

---

3 COLLOMB (P.), « Les contrats relatifs à la formation », in SIMON (G.) (Dir.), *Les contrats des sportifs, L'exemple du football professionnel*, PUF., 2003, p. 99.

4 Est dénommée « centre de formation », toute structure mise en place par une association sportive ou une société sportive ; permettant à de jeunes sportifs de bénéficier d'une formation sportive, et d'un enseignement scolaire général ou professionnel, ou d'une formation universitaire. Cf. MOYERSOEN (P.) et BONE (N.), « Formation du sportif professionnel », Encyclopédie droit du sport, www.droitdusport.com, Étude 235, cités par BUY (F.), MARMAYOU (J-M), PORACCHIA (D.) et RIZZO (F.), *Droit du sport*, 4e édition, LGDJ, 2015, p. 296.

5 La Kadji Sport Academies (KSA) est un centre de formation sportive et de remise en forme, doté d'un club camerounais de football basé à Douala (capitale économique du Cameroun), et fondé par l'industriel Joseph Kadji DEFOSSO. Cette académie de sport possède un complexe sportif sur près de 40 hectares comprenant : 7 terrains de football, 12 courts de tennis, 2 terrains de basket-ball, un terrain de handball, un terrain de volley-ball, une piscine semi-olympique, un gymnase avec parquet, une salle de musculation, un centre de thalassothérapie, un collège avec internat, etc. Voir http://fr.m.wikipedia.org consulté le 5 avril 2023 à 22 h 16.

6 COLLOMB (P.), op.cit., p. 100.

7 Article 19 du Règlement du statut et du transfert des joueurs des clubs affiliés à la FECAFOOT.

internationaux[8] valorisent la formation tout en égratignant quelques orthodoxies juridiques émanant du droit commun à l'instar du prince de la relativité des contrats. C'est toujours dans le sens de valoriser la formation que les pouvoirs publics ont mis sur pied l'Académie Nationale de Football (ANAFOOT). Elle a pour mission d'assurer la formation et le perfectionnement des jeunes à la pratique du football, tout en favorisant la scolarisation en vue de leur épanouissement[9].

L'objet de la formation est de préparer les jeunes sportifs à leur profession future. Seulement, aux sorties de cette formation, il y a des réussites et il y a des échecs ; je dirais même qu'*« il y a beaucoup d'appelés, mais peu d'élus »*. Dans un cas comme dans l'autre, la formation pose des problèmes juridiques.

D'abord, lorsque la formation se solde par un échec, c'est-à-dire que le jeune sportif ne parvient pas à devenir un professionnel, le danger serait de le jeter à la rue. Il est donc nécessaire de protéger le jeune sportif qui ne réussit pas afin qu'il soit traité de manière éducative par celui qui l'a formé.

Enfin, il faut encadrer la formation de telle sorte que le sportif formé qui réussit ne soit pas toute sa vie assujetti au club qui l'a formé.

Ces problèmes peuvent trouver une piste de solution dans le contrat de formation.

C'est ainsi que le législateur à travers la loi de 2018 sur la formation professionnelle organise les structures privées de formation, en indiquant que celles-ci ne peuvent fonctionner qu'après agrément du ministre chargé de la Formation professionnelle. Cette loi distingue plusieurs types de formation professionnelle à savoir : la formation

---

[8] Article 20 et 21 du Règlement du Statut et du transfert des joueurs de la FIFA édition 2022.

[9] Cf. article 4 de la Résolution n° 002/R/CA/ANAFOOT du 16 août 2017 portant adoption de l'Organigramme de l'Académie Nationale de Football (ANAFOOT).

continue[10], la formation en alternance[11], la formation à distance, l'apprentissage[12] et la formation initiale. La formation professionnelle initiale vise à transmettre et à faire acquérir les compétences, les connaissances et le savoir-faire indispensables à l'exercice d'une activité professionnelle[13]. Pour rentrer dans une structure de formation, il faut souscrire un contrat de formation. La formation en vue d'accéder au métier de footballeur professionnel n'échappe pas à cette règle. D'ailleurs, l'article 40 alinéa 3 des Règlements généraux de la FECAFOOT dispose qu'« *Est en formation tout joueur ayant signé, en cette qualité, un contrat homologué par la FECAFOOT en faveur d'un club participant au championnat régional, au championnat départemental ou au championnat d'arrondissement ou tout autre championnat organisé par la FECAFOOT* ».

Le contrat de formation est donc au centre de la carrière du jeune footballeur. Il n'est malheureusement pas défini par le législateur. En s'inspirant de la doctrine, on peut le définir comme une convention de droit privé homologué par la FECAFOOT conclue entre le dispensateur de la formation (une académie de football ou un club sportif) et une jeune personne physique entreprenant la formation à titre individuel en vue d'exercer le métier de footballeur professionnel.

Le contrat de formation se distingue du contrat de travail. Le contrat de travail est défini comme *« une convention par laquelle un travailleur s'engage à mettre son activité professionnelle sous l'autorité et la direction d'un employeur, en contrepartie d'une rémunération »*[14]. Les sportifs professionnels signent des contrats de travail avec des clubs

---

[10] La formation continue vise à assurer aux professionnels leur recyclage ou leur perfectionnement. Elle peut s'effectuer dans une structure de formation professionnelle ou en entreprise.

[11] La formation en alternance associe des situations de travail en entreprise, et des activités d'enseignement et de formation dans une institution.

[12] L'apprentissage fait l'objet d'un contrat écrit entre le maître d'apprentissage, et l'apprenti ou son représentant légal.

[13] Cf. article 17 al. 1 de la loi de 2018 sur la formation professionnelle.

[14] Article 23 alinéa 1 du Code du travail. Pour la doctrine, il s'agit du *« contrat par lequel une personne physique (le salarié) s'engage à exécuter un travail sous la subordination d'une personne physique ou morale (l'employeur), en échange d'une rémunération »*, voir AUZERO (G.), BAUGARD (D.), DOCKES (E.), *Droit du travail,* 32e édition, Précis Dalloz, Paris, 2019, p. 263.

professionnels avec qui ils exercent leurs activités professionnelles, suivent des ordres et perçoivent un salaire. Ce qui n'est pas le cas des jeunes sportifs qui signent avec l'académie de formation une convention qui prévoit les conditions d'une double formation, à la fois sportive et scolaire. La formation qu'ils effectuent ne peut être assimilée à une prestation de travail. Une autre distinction apparait au niveau de la rupture du contrat. Le contrat de formation met en relation un jeune, qui vient rechercher une formation, et un organisme qui souhaite lui en offrir une. Lorsqu'à un moment donné, le jeune décide, parce qu'il n'a plus envie de continuer, de démissionner, le contrat prend fin. Or dans le cadre du contrat de travail du footballeur professionnel, tant qu'un joueur est sous contrat, il appartient à son club, car il ne peut rompre son contrat unilatéralement. Toutefois, les joueurs en formation dans un club professionnel sont amenés à signer, à un moment ou à un autre, un contrat de travail qui a vocation à s'appliquer en même temps que le contrat de formation[15]. Ainsi, ce chevauchement de contrat permet au jeune d'apprendre son métier en même temps qu'il l'exerce[16].

Le contrat de formation se rapproche du contrat d'apprentissage[17] d'une part par son but qui est de donner une formation professionnelle ; et d'autre part à travers les obligations des parties. Mais ces deux contrats se distinguent principalement au niveau de la dénomination des parties[18], et surtout au niveau de la durée du contrat. En effet, la durée maximale du contrat d'apprentissage est de quatre ans y compris le renouvellement ; au-delà de cette durée, le contrat d'apprentissage se transforme en contrat à durée indéterminée[19]. Par contre, la durée maximale du contrat de formation du jeune sportif est de 11 ans ; ce type de contrat concerne les joueurs

---

15 Cf. TAS, 27 oct. 2005, Cah. Dr. Sport n° 32 006, p. 251 note RIZZO (F.).

16 JACOTOT (D), Obs. RDT 2007. p. 378.

17 L'apprentissage est un contrat par lequel le maître s'engage à donner une formation professionnelle méthodique et complète à l'apprenti ; et par lequel l'apprenti s'engage à obéir aux instructions du maître, et à exécuter tous les ouvrages qui lui sont confiés en vue de son apprentissage. Cf. art. 45 Code du travail camerounais.

18 Dans le contrat d'apprentissage, on a d'un côté le maître, et de l'autre côté l'apprenti. Par contre dans le contrat de formation, on a le formateur et le jeune sportif.

19 Art. 45 du Code du travail.

âgés de 12 à 23 ans[20]. Une autre distinction se situe au niveau de la loi d'application. Alors que le contrat d'apprentissage est régi par le Code du travail et le décret n° 091/DF/287 du 30 juillet 1969, le contrat de formation quant à lui est régi par : la loi de 2018 relative à la formation professionnelle et les règlements généraux de la FECAFOOT ; et le règlement du statut et du transfert des joueurs des clubs affiliés à la FECAFOOT. Avant tout commencement d'exécution, le contrat d'apprentissage doit être visé par le ministre chargé de l'Emploi ; alors que pour être valable, le contrat de formation du footballeur doit être homologué par le Secrétaire général de la FECAFOOT.

Le dictionnaire Petit Larousse définit un joueur comme une *« personne qui pratique un jeu, un sport »*. Ce sport peut être le football. Un joueur de football serait donc une *« personne qui pratique le football »*. Cette définition a la particularité d'intégrer toute catégorie de joueur de football, notamment les joueurs en formation. Ces derniers étant entendus comme de jeunes joueurs de football liés par un contrat de formation à un centre de formation, une école de football, un camp de football, etc.

Le Cameroun n'a pas une loi qui encadre de manière spécifique le contrat de formation du jeune sportif. La formation des jeunes sportifs est régie par des textes de droit commun et quelques textes de la FECAFOOT. Dans ce contexte, la tâche du juge de la matière sportive se révèle ardue ; car il faut concilier à la fois les intérêts des joueurs qui bénéficient d'une formation de qualité, et ceux des clubs formateurs ou des centres de formation qui espèrent obtenir un juste retour sur investissement. C'est au regard de tous ces différents intérêts qu'il faut se poser la question de savoir : **quel est le cadre juridique qui entoure le contrat de formation du jeune footballeur en droit camerounais ?**

L'intérêt de la présente étude réside dans le fait que les pouvoirs publics se sont engagés dans un processus de professionnalisation du

---

[20] Cf. Article 1 de l'annexe 2 des Règlements du statut et du transfert des joueurs des clubs affiliés à la FECAFOOT : *« La période de formation et d'éducation d'un joueur se situe entre l'âge de 12 ans et de 23 ans »*.

football qui passe nécessairement par une valorisation de la formation. Le contrat de formation — qui est le document signé entre le sportif et la structure à laquelle est rattaché le centre de formation — a un régime juridique pour le moins épars ; contrairement au droit français dont les règles applicables en la matière sont contenues dans un arsenal législatif et réglementaire développé[21]. À travers cette étude, nous nous donnons pour mission de ressortir le régime juridique relatif au contrat de formation du jeune sportif camerounais. La présente étude permettra aux parents et aux agents des jeunes footballeurs de connaître les contours d'un contrat de formation ; afin de mieux protéger les droits des jeunes amateurs contre les centres de formation qui, souvent, sont atteints du *« syndrome de l'inventeur »*[22].

La volonté de parvenir aux vérités scientifiques propres à notre étude impose la mobilisation d'une méthode particulière. À cet effet, nous ferons recours à la méthode analytique. Traditionnelle pour le juriste, cette méthode consiste à l'exégèse des textes de droit et à la casuistique de la jurisprudence. Cette méthode n'exclut pas la technique documentaire qui permettra aussi d'exploiter les textes de doctrine et de faire, en toute opportunité, des comparaisons utiles avec des expériences étrangères.

Relativement à la question centrale posée, nous pouvons d'ores et déjà affirmer que le cadre juridique applicable au contrat de formation est dual, et permet d'étudier les règles juridiques applicables au contrat de formation du sportif (I) et le contentieux qui en découle (II).

---

[21] On fait référence ici à la Code du sport.

[22] Le *« syndrome de l'inventeur »* est une expression empruntée à M. Pierre COLLOMB pour qualifier le comportement des centres de formation qui considèrent les joueurs qu'ils ont formés, et qui ont réussi leur formation, comme leur propriété au sens du droit des biens. En effet, il explique qu'*« En droit civil, le trésor appartient, en partie tout au moins, à celui qui le découvre. Or, bien souvent le formateur a le sentiment d'avoir déniché, trouvé, inventé, la perle rare (…). Sur la perle rare, qu'elle a découverte, la structure de formation revendique un droit particulier relevant au fond de la "propriété" (…) »*. Cf. COLLOMB (P.), *op.cit.*, p. 100.

I- Les règles juridiques applicables au contrat de formation du jeune sportif

Le contrat de formation est le support contractuel cadrant les relations entre le sportif formé et le club amateur. La conclusion de ce contrat conditionne l'accès du jeune sportif à la double formation dispensée par le Centre de formation agréé. Comme tout contrat, il doit respecter des conditions de formation (A) et doit contenir des obligations (B).

A- Les conditions de formation

Le contrat de formation répond à certaines conditions de validité définies par la législation. Si elles sont respectées, l'accord est valide. En cas de manquement à l'une de ces conditions, le contrat n'est pas valide. On dit encore que le contrat est nul. Ces conditions doivent être scrupuleusement respectées, du fait que le contrat de formation oppose généralement l'institut de formation à un sportif mineur qui doit être protégé. Les conditions de formation visent à la fois les conditions de fond (1) et de forme (2).

1- Les conditions de fond

Le contrat de formation est avant tout un contrat civil et en tant que tel, il est assujetti aux règles de fond prévues par l'article 1108 du Code civil. Cet article dispose que *« Quatre conditions sont essentielles pour la validité d'une convention : le consentement de la partie qui s'oblige ; la capacité de contracter ; un objet certain qui forme la matière de l'engagement ; une cause licite dans l'obligation »*. Pour des raisons de clarté, il est essentiel de regrouper les conditions de l'article 1108 du Code civil en conditions subjectives (capacité et consentement) et en conditions objectives (cause et objet).

Les conditions subjectives visent la capacité et le consentement. La capacité juridique est l'aptitude à conclure un contrat. Aux termes de l'article 1123 du Code civil, *« toute personne peut contracter si elle n'est pas déclarée incapable par la loi »*. Ainsi, pour conclure un contrat de formation avec une académie, le joueur de football doit avoir la capacité de contracter. L'entrainement du jeune sportif débute dès le plus jeune âge : il commence dès l'âge de 12 ans parce qu'il faut découvrir le talent très tôt. Mais à cet âge, le footballeur mineur est incapable ; raison pour laquelle il sera représenté soit par ses parents, soit par un tuteur. Ce sont les parents ou le tuteur qui sont signataires du contrat de formation. C'est ce qu'on peut lire à l'alinéa 3 de l'article 41 des Règlements généraux de la FECAFOOT. En l'absence de cette signature, le contrat de formation serait nul[23]. C'est ce qui ressort de l'*Affaire EKANI XAVIER c/COLOMBE DE SANGMELIMA*[24] portant sur la nullité du contrat de joueur d'un mineur pour défaut de signature de son représentant légal[25]. La requérante reprochait au requis que la licence du joueur de 18 ans — en la personne d'EKANI XAVIER — eût été délivrée sans l'accord de sa représentante légale, Mme SYLVIE NGO. Les dirigeants du club Colombe de Sangmélima avaient imité la signature des parents du joueur mineur, afin de l'engager dans leur équipe. Ce faux en écriture constaté, elle a saisi la Chambre de conciliation et d'arbitrage afin de procéder à la résiliation du contrat. La Chambre nationale de Résolution des litiges (CNRL) prononça la nullité du contrat du joueur, liant EKANI XAVIER à Colombe de Sangmélima. Bien que cette affaire portait sur un contrat de joueur, il est clair que les juges de la CNRL auraient pris la même décision s'ils avaient été en face d'un contrat de formation.

Le contrat de formation en tant que contrat civil est soumis à l'exigence de consentement qui doit non seulement exister, mais aussi être exempt de tout vice. Ainsi, il faut s'assurer que le représentant légal a accepté de s'engager aux conditions prévues par le contrat. La

---

23 La nullité se définit comme la sanction juridique qui frappe le contrat lorsque celui-ci ne remplit pas toutes les conditions de validité. Cette nullité entraîne l'anéantissement rétroactif du contrat.

24 Décision N° 003/FCF/CNRL/2016

25 Voir également la Décision N° 006/FCF/CNRL/2015 sur l'Affaire BADAMASSI SOULEY c/UNION DES MOUVEMENTS SPORTIFS DE LOUM. Dans cette affaire, le joueur BADAMASSI SOULEY a saisi la Chambre pour solliciter la nullité du contrat qui le lie à son club UMS de LOUM. À l'appui de sa demande, il soutient que la convention était entachée de plusieurs irrégularités, tant sur la forme que sur le fond : le mineur qu'il est a paraphé le contrat sans l'assistance d'un parent ou d'un juriste ; il n'a pas reçu une copie de son contrat, et n'a par ailleurs pas perçu ni prime de signature ni salaire. Pour sa part, l'UMS a sollicité une séparation à l'amiable que la Chambre estime qu'elle arrive un peu trop tard, et qu'il s'agit d'un simple dilatoire. La Chambre dans cette affaire a donné gain de cause au requérant en annulant le contrat le liant à l'UMS pour défaut de capacité du joueur mineur.

FECAFOOT doit s'assurer que le consentement du mineur et de son représentant légal n'a souffert d'aucun vice à la conclusion du contrat. Dans le cas contraire, le contrat sera frappé de nullité. C'est ce qui ressort de l'article 1109 du Code civil qui dispose en substance que tout consentement obtenu par violence, dol ou erreur entraînerait la nullité de la convention.

Le contrat de formation peut-il être signé par l'agent du jeune sportif en lieu et place de son représentant légal ? La question mérite d'être posée dans la mesure où lorsque les formateurs découvrent un talent, les meilleurs clubs se bousculent afin que la pépite intègre leur centre de formation. Les agents de joueurs espèrent avoir une bonne commission au moment qu'il sera en âge de signer son premier contrat professionnel dans un grand club. Relativement à la question posée, il faut dire qu'en droit camerounais, aucun texte ne semble s'opposer à ce que l'agent signe en lieu et place du représentant légal du jeune sportif. Toutefois, la seule condition serait qu'il dispose d'un mandat écrit l'y autorisant.

Les conditions objectives quant à elles portent sur l'objet et la cause de l'engagement des parties qui doivent être licites. L'objet du contrat est, en un sens matériel, la chose (relativement) à laquelle le contrat est conclu. En un sens technique, l'ensemble des droits et obligations que le contrat est destiné à naître. L'objet du contrat de formation est de fixer les termes et les conditions de la formation qui sera dispensée au bénéficiaire, en vue d'acquérir une double qualification : sportive, pour arriver au niveau professionnel ; scolaire, universitaire ou professionnelle afin d'acquérir une capacité d'insertion professionnelle en cas d'échec, ou à l'issue de la carrière de sportif professionnel[26].

La cause est la raison de l'engagement des parties. Le Code civil subordonne la validité d'un contrat par l'existence d'une cause licite

---

[26] VERANE (S.), « Convention de formation », in DUDOGNON (Ch.) et KARAQUILLO (J-P.) (Dir.), *Dictionnaire juridique du sport*, Dalloz, Juris éditions, 2013, p. 115.

dans l'obligation[27]. L'article 1131 reprend cette exigence en précisant que *« l'obligation sans cause ou sur fausse cause ou sur une cause illicite ne peut avoir aucun effet »*. Non seulement la cause doit exister, mais elle doit être licite. Par définition, la cause est le but que les parties poursuivaient en concluant le contrat de formation, la raison qu'elles avaient de le passer. Une fois que les parties ont respecté les conditions de fond du contrat de formation, elles doivent s'assurer d'avoir respecté les règles de formes.

2- Les conditions de forme

Dans l'optique de sécuriser la relation entre le sportif en formation et son club, le contrat de formation doit contenir des dispositions particulières. Une fois formé, il doit faire l'objet d'une homologation par l'instance fédérale.

En France, le contenu du contrat de formation n'est pas libre ; il résulte d'une multitude de textes. La loi (Code du sport) renvoie au règlement, et celui-ci à une convention type que chaque fédération doit établir et qui à son tour doit être approuvée par arrêté du ministre chargé des Sports. Chaque club est tenu d'établir avec les joueurs en formation des conventions sur les modèles types.

Au Cameroun, le législateur sportif brille par son mutisme. On peut donc dire sans risque de se tromper que le contrat de formation est laissé à la totale liberté des parties ; ce qui cause un réel risque pour les joueurs en formation. Quoi qu'il en soit, on peut être sûr que le contrat de formation, lorsqu'il est établi par écrit, contient un certain nombre de mentions à savoir : la durée de la formation du sportif et les modalités de ruptures du contrat ; la nature de la double formation, et notamment de la formation scolaire, universitaire ou professionnelle, et les modalités d'aide et de soutien dont le sportif peut bénéficier pendant la durée de son contrat de formation ; la durée des périodes de vacances ; la durée maximale de repos entre deux compétitions ; la durée des compétitions ; les modalités de suivi médical ; les modalités d'hébergement, de restauration et des services annexes ; les modalités

[27] Article 1108 du Code civil applicable au Cameroun.

d'encadrement des joueurs mineurs ; les obligations des joueurs à l'égard du centre de formation ; les modalités de prise en charge des frais inhérents à la formation ; et enfin les droits et obligations de chacune des parties à l'issue du contrat de formation.

Pour que les parties tirent tous les effets du contrat de formation, elles ont nécessairement besoin d'une homologation[28]. Cette pratique, inspirée du droit français, apporte une limite au consensualisme et soumet la validité d'un contrat à la décision d'un tiers. Au Cameroun, les Règlements généraux de la FECAFOOT prévoient ce type d'approbation des contrats avant le début de leur exécution. En effet, l'article 40 alinéa 7 dispose que *« Les contrats visés aux alinéas ci-dessus prennent effet dès leur signature par les parties sous conditions suspensives de son homologation par le Secrétaire général de la FECAFOOT. Il doit accompagner une demande de licence »*. La demande d'homologation incombe au club. Si le Secrétaire général de la FECAFOOT n'a pas réagi dans un délai d'un (01) mois consécutif à la réception de la demande d'homologation, celle-ci sera réputée avoir été accordée[29]. Le contrat régulièrement formé et homologué crée des effets à l'égard des parties.

B- Les effets du contrat de formation

Le contrat de formation est un contrat civil, il emporte des obligations pour les deux parties. Certaines obligations se réalisent à l'exécution du contrat de formation (1), alors que d'autres s'accomplissent à son extinction (2).

1- Les obligations à l'exécution du contrat de formation

Le contrat de formation est un contrat synallagmatique. Il fait peser des obligations sur les deux parties. Pour le sportif mineur, le contrat de formation emporte des obligations particulières : l'une d'elles est de conserver une licence dans un club. En effet, tant qu'il est

---

[28] L'homologation peut avoir deux sens. Sur le plan civil, c'est une approbation judiciaire à laquelle la loi subordonne certains actes ; et qui, supposant du juge un contrôle de légalité et souvent un contrôle d'opportunité, confère à l'acte homologué la force exécutoire d'une décision de justice. Au plan administratif, il s'agit de l'approbation donnée par l'autorité administrative à certains actes pour permettre leur mise à exécution. CORNU (G.), *op.cit.* p. 509.

[29] Art. 40 al. 8 des Règlements généraux de la FECAFOOT.

sous contrat de formation, le jeune ne peut pas jouer dans un autre club. Le jeune a l'obligation d'obéir à ses formateurs, il doit exécuter les ordres qui lui sont donnés tout au long de sa formation.

Le centre de formation quant à lui a l'obligation de maintenir la formation. Dans le cadre d'une académie de football, cette obligation ne se limite pas au métier sportif du football. L'académie doit également assurer au jeune sportif une formation scolaire, universitaire ou professionnelle afin d'acquérir une capacité d'insertion professionnelle en cas d'échec, ou à l'issue de la carrière de sportif professionnel. Ainsi, le volet très important n'est pas tant la formation sportive, mais la formation scolaire et/ou professionnelle. Tout doit être fait pour que la formation sportive et la scolarité coexistent de façon harmonieuse. Le club formateur qui ne dispose pas d'une académie doit prévoir des aménagements de scolarité. La formation doit prendre en compte les horaires de cours. Ce dispositif rappelle ainsi que *« la carrière du footballeur est aléatoire et que les "élus" seront peu nombreux »*[30].

L'article 40 alinéa 4 des Règlements généraux de la FECAFOOT envisage une obligation tout à fait particulière à l'égard du club formateur : celle de faire bénéficier au joueur en formation un salaire minimum garanti mensuel de 30 000 FCFA. On se demande bien par quelle alchimie cela serait possible au regard de la situation financière des clubs de football camerounais.

Le manquement des obligations ci-dessus peut donner lieu à des sanctions. En droit comparé, la sanction pour le jeune qui ne respecte pas la convention de formation consiste à devoir payer une indemnité de formation ; ou alors le juge pourrait le contraindre à poursuivre sa formation avec son club formateur. S'agissant de l'indemnité de formation qui frappe le jeune sportif qui a violé ses engagements contractuels, il faut signaler que ce n'est pas en fait le joueur lui-même qui paie cette indemnité, mais plutôt le club qui l'a débauché.

---

[30] BUY (F.), MARMAYOU (J-M), PORACCHIA (D.) et RIZZO (F.), *op.cit.*, p. 314 (6e édition).

S'agissant de la sanction qui vise à contraindre le jeune joueur à poursuivre sa formation avec son club formateur, elle a souvent été appliquée en droit camerounais. C'est ce qui ressort de l'affaire ABANDA ENGAMA c/ARSENAL DE YAOUNDÉ[31]. Le joueur ABANDA ENGAMA PIE avait saisi la CNRL d'une demande de libération du club ARSENAL de Yaoundé. À l'appui de sa demande, il soutenait qu'il est un joueur d'ARSENAL depuis 2012. Il désirait quitter ce club pour aller poursuivre sa formation à l'AS FORTUNA ; mais le Président du club refusait de le libérer, et lui imposait une libération conditionnelle. En réponse, ARSENAL de Yaoundé indiquait que le joueur ABANDA avait obtenu depuis cinq (5) ans une formation gratuite ; et qu'au-delà de cette formation, il avait participé avec son club à un stage de perfectionnement au centre de la CAF à Mbankomo avec les espagnols qui continuaient à le suivre. Le joueur a également fait partie de l'équipe nationale minime du Cameroun avec un visa de l'Espagne, ensuite de l'équipe nationale cadette. Enfin, lors d'un casting organisé au Centre Technique d'Odza par un agent de joueur, M. ABANDA a été retenu. Après examen, la Chambre a estimé que le club ARSENAL FC méritait une contrepartie ; et qu'en l'absence de celle-ci, le jeune joueur ne pourra pas quitter son club formateur.

Dans cette affaire, on peut se rendre compte de la situation inextricable dans laquelle se trouvaient les juges de la CNRL. En effet, il était impossible d'obtenir du jeune joueur une indemnité de formation comme la réclamait ARSENAL DE YAOUNDÉ pour le libérer ; et au même moment, il était tout aussi difficile de maintenir un joueur contre son gré dans une équipe. Cette dernière position avait déjà été utilisée par le TAS dans une affaire de réparation d'un club de football victime de débauchage. Dans cette affaire, le Tribunal estimait inconcevable d'ordonner la réintégration du joueur au sein de l'effectif du club pour des raisons à la fois sportive et juridique, et avait confirmé

[31] Décision N° 021/FCF/CNRL/2016 Affaire ABANDA ENGAMA c/ARSENAL DE YAOUNDÉ.

la décision de condamner le club auteur du débauchage à payer une indemnité de formation[32].

Pour le club qui ne respecte pas cette convention de formation, il pourrait être contraint par le juge à poursuivre la formation. En droit français, si le club n'a pas respecté la convention de formation, il s'engage à permettre au bénéficiaire de poursuivre la formation professionnelle qu'il a entreprise. Ici, on parle bien de formation professionnelle et non pas sportive. Cette sanction est intéressante en ce sens qu'elle permet au joueur qui n'a pas pu finir sa formation sportive d'apprendre un métier qui pourra faciliter son insertion professionnelle. Mais, en l'état actuel de notre football, cette sanction n'est pas envisageable au regard de la situation précaire des clubs de football qui peinent déjà à payer les salaires des footballeurs professionnels. Que dire des obligations des parties en fin de contrat ?

2- Les obligations en fin du contrat de formation

À l'issue de la formation, le contrat de formation peut prévoir que si le sportif entend exercer à titre professionnel la discipline sportive à laquelle il a été formé, le bénéficiaire de la formation peut être dans l'obligation de conclure avec le club dont relève le centre de formation un contrat du travail. Les modalités de proposition par le club formateur sont généralement précisées dans le contrat de formation. À titre de droit comparé, en France à une certaine époque, cette obligation était assortie d'une sanction sévère qui consistait en une interdiction de signer un contrat dans un autre club français — sous quelque statut que ce soit — pendant une durée de sept (7) ans. Mais l'arrêt Bosman, en s'appuyant sur la libre circulation des personnes au sein de l'Union européenne, a permis à plusieurs footballeurs de qualité pendant les années 1990 de quitter librement leurs clubs formateurs pour des clubs étrangers[33].

---

32 RIZZO (F.), « Affaire N'Zogbia : utiles précisions relatives au droit à réparation des clubs de football victime de "débauchages" internationaux de joueurs en formation », note sous TAS, 28 octobre 2005, 2004/A/791, Le Havre AC c/FIFA, Newcastle United FC et Charles N'Zogbia in Les cahiers de droit du sport, n° 03, Presses Universitaires d'Aix-Marseille, 2006, pp. 258-259.
33 BUY (F.) et RODA (J.-C), « Les 20 ans de l'arrêt Bosman », JCP G 2015, p. 1441.

Afin de protéger les clubs formateurs, la FECAFOOT et la FIFA[34] prévoient dans leurs réglementations des conséquences en cas de refus du jeune footballeur de signer le premier contrat de footballeur professionnel, dans l'hypothèse où le footballeur s'engage avec un autre club. C'est ainsi que l'article 19 des Règlements du statut et du transfert des joueurs des clubs affiliés à la FECAFOOT dispose que *« Des indemnités de formations sont redevables à l'ancien club ou aux anciens clubs formateur(s) : d'une part lorsqu'un joueur signe son premier contrat en tant que professionnel, et d'autre part lors de chaque transfert d'un joueur professionnel jusqu'à la saison de son 23e anniversaire. L'obligation de payer une indemnité de formation existe que le transfert ait lieu pendant ou à la fin du contrat »*.

Est redevable de cette *« indemnité »* le club étranger auprès duquel le joueur est enregistré. Sont bénéficiaires tous les clubs ayant participé à la formation et à l'éducation de ce dernier entre la 12e et sa 23e année[35], et les modalités sont précisées à l'annexe 4 du Règlement FIFA.

Ces dispositions rappellent pour le juriste travailliste la clause de dédit-formation qui prévoit qu'en contrepartie d'une formation entièrement financée par l'entreprise, le salarié s'engage à rester un certain temps à son service après avoir suivi sa formation ; et à verser en cas de départ anticipé, une somme forfaitaire fixée à l'avance, ou à rembourser les frais de formation[36]. Sauf que dans le cadre sportif, ce n'est pas le footballeur salarié qui rembourse ses frais de formation, mais le nouveau club, son futur employeur. Le joueur n'est pas tenu de rester un certain nombre d'années au club, mais ses années de formation au sein de la structure vont avoir une incidence sur les

---

[34] Article 20 du Règlement FIFA.

[35] Une sentence du TAS vient préciser qu'une période de prêt n'interrompt pas la période pour laquelle l'indemnité de formation est due. Toutefois, un club auquel un joueur est prêté — tant que ce joueur reste contractuellement lié au club prêteur, et qui forme ainsi effectivement ce joueur — a droit en principe à une indemnité de formation, sur une base correspondant à la période pendant laquelle il a dispensé une formation au joueur : CAS 2018/A/5513.

[36] Cass soc., 21 mai 2002, n° 00-42.909.

sommes reversées dans le cadre de son transfert[37]. Lesdites sommes peuvent être source de contentieux entre les parties.

II- Le règlement du contentieux découlant du contrat de formation

De nombreux conflits naissent du contrat de formation du sportif. Habituellement, ces conflits portent entre autres sur le non-respect des conditions de formation du contrat, l'inexécution d'une obligation contractuelle, le non-versement d'une indemnité de formation en fin de contrat. La loi n° 2018/014 du 11 juillet 2018 portant organisation et promotion des activités physiques et sportives au Cameroun[38] reconnaît une certaine souveraineté aux fédérations sportives dans la résolution de leurs conflits. Le mode de règlement des conflits découlant du contrat de formation du sportif varie selon que les parties se situent au plan national ou alors au plan international. Ainsi donc, au plan national (A), il existe deux degrés de règlement des différends découlant du contrat de formation qui tirent leur fondement de la règle de l'épuisement des voies de recours internes aux fédérations sportives. Mais au plan international (B), les sentences rendues par la Chambre de conciliation et d'arbitrage du CNOSC, en matière d'arbitrage, ne sont susceptibles de recours que devant le Tribunal arbitral du sport (TAS).

A- Le règlement du contentieux au niveau national

Au plan national, le règlement du contentieux portant sur le contrat de formation est régi par la règle d'ordre public de l'épuisement des voies de recours propres aux fédérations sportives. Cette règle figure dans l'article 94 alinéa 1 de la loi n° 2018/014 du 11 juillet 2018[39]. Ainsi dans le domaine du football, la Chambre nationale de résolution des litiges (CNRL) de la FECAFOOT se présente comme l'organe

---

37 SINGER (G.), « Les indemnités de formation versées à l'occasion d'un transfert », *in* AUMERAN (X.) (Dir), *Les transferts des sportifs dans un monde globalisé*, LexisNexis, 2021, p. 186.

38 Ci-après loi n° 2018/014 du 11 juillet 2018.

39 *« Les litiges d'ordre sportif opposant les associations sportives, les sociétés sportives, les licenciés et les fédérations sportives sont résolus en premier ressort suivant les règles propres à chaque structure sportive ».*

juridictionnel compétent pour connaître de tout litige relatif au football[40], y compris les litiges liés au contrat de formation du jeune footballeur (1). La partie insatisfaite par la décision rendue devant la CNRL saisira soit les juridictions sportives, soit les juridictions de droit commun (2).

1- Le règlement du contentieux devant la CNRL

La CNRL est la porte d'entrée de la quête de règlement du conflit opposant une académie de football et le bénéficiaire de la formation[41]. La CNRL est saisie par requête adressée au président de ladite Chambre, et déposée au secrétariat général de la FECAFOOT dans un délai de 18 mois suivant l'accomplissement de l'acte générateur du litige[42]. La requête doit contenir, sous peine d'irrecevabilité, certaines mentions obligatoires ; notamment les noms, les prénoms, la qualité, le domicile du demandeur ou de son mandataire[43]. Elle doit également être datée, signée et fournie en trois exemplaires. Elle doit être rédigée en français ou en anglais[44]. La requête doit par ailleurs contenir, à peine d'irrecevabilité[45], le reçu attestant du paiement des frais de procédure[46] ; ceux-ci se calculent en fonction de la valeur du litige.

Les parties, avant de saisir la CNRL, doivent s'assurer de respecter les règles de droit commun liées à la capacité, l'intérêt et la qualité d'agir. La capacité d'agir est l'aptitude à solliciter le juge pour qu'il se prononce sur le bien-fondé d'une prétention. Dans le cadre du contrat de formation, le joueur mineur en formation doit se faire assister en justice par son représentant légal. C'est la raison pour

---

[40] Cf. Règlement adopté en date du 26 juillet 2019 par l'Assemblée Générale de la FECAFOOT.

[41] Cf. article 22 du règlement du statut et du Transfert des joueurs, des clubs affiliés à la FECAFOOT.

[42] Cf. article 21 du règlement de a CNRL de la FECAFOOT.

[43] Cf. Décision n° 11/FCF/CNRL/2018 CNRL, Affaire académie des étoiles du Manengouba c/Stade Renard de Melong. Dans cette affaire, la requête de la demanderesse a été déclarée irrecevable pour défaut de précision du domicile de son mandataire, conformément à l'article 21 alinéa 2 (a) du règlement de la CNRL.

[44] Article 21 alinéa 2 (d) du règlement de la CNRL.

[45] Décision N° 004/FCF/CNRL/2016 Affaire NKE DIEUDONNE JEAN c/TONNERRE KALARA CLUB ; Décision N° 009/FCF/CNRL/2016 Affaire ARSENAL FC c/RENAISSANCE DE NGOUMOU.

[46] Article 34 du règlement de la CNRL.

laquelle dans l'affaire MBAI Junior Rostand vs Union sportive de Douala, le joueur MBAI Junior Rostand s'est fait représenter par son père le sieur MBAI Alain Christian[47]. Le requérant doit également justifier d'un intérêt à la solution du litige pour lequel il saisit le juge. L'intérêt à agir se définit comme étant le profit escompté par le requérant lorsqu'il engage la procédure[48]. Enfin, la qualité pour agir en justice est le titre juridique qui sert à engager le procès[49]. Elle consiste dans l'aptitude à agir pour défendre un intérêt lésé.

S'agissant de la compétence matérielle de la CNRL, l'article 2 alinéa a du Règlement de la CNRL dispose que *« la compétence de la CNRL, s'étend (…) aux litiges entre clubs et joueurs en relation au maintien de la stabilité contractuelle »*. Par cette formule, le législateur vise tout litige se rapportant à la relation entre une académie de formation et le bénéficiaire de la formation. Assez souvent, ledit litige a trait à la durée du contrat, aux obligations des parties, au défaut de signature du contrat par le représentant légal du jeune sportif[50], ou encore aux indemnités de rupture. L'article 2 alinéa c quant à lui dispose que *« la compétence de la CNRL, s'étend (…) aux litiges relatifs à l'indemnité de formation (…) opposant les clubs affiliés à la FECAFOOT et dont la base est le transfert d'un joueur »*. Aux termes des dispositions de l'article 19 du Règlement du statut et du transfert de joueurs des clubs affiliés à la FECAFOOT, *« des indemnités de formation sont redevables à l'ancien club et aux anciens clubs formateurs d'une part lorsqu'un joueur signe son premier contrat en tant que professionnel et d'autre part lors de chaque transfert d'un joueur professionnel jusqu'à la saison de son 23e anniversaire. L'obligation de payer une indemnité de formation existe que le transfert ait lieu pendant ou à la fin du contrat… »*. Les

---

47 Voir TSASSE SAHA (G.G.), Obs. sous Décision n° 11/FCF/CNRL/2018 CNRL, Affaire académie des étoiles du Manengouba c/Stade Renard de Melong et Décision n° 17/FCF/CNRL/2018 CNRL affaire NGATCHOU NKWISSANGA Théodore c/AS ETOA-MEKI de Yaoundé, in Revue camerounaise de droit du sport, Vol. 1, n° 001 juillet-décembre 2020, p. 49.

48 Idem.

49 Ibid. p. 50.

50 Cf. Décision N° 003/FCF/CNRL/2016 Affaire EKANI XAVIER c/COLOMBE DE SANGMELIMA ; Décision N° 006/FCF/CNRL/2015 Affaire BADAMASSI SOULEY c/UNION DES MOUVEMENTS SPORTIFS DE LOUM ; Décision N° 008/FCF/CNRL/2014 Affaire BOYONG GENEVIEVE c/OURAGAN DE YAOUNDÉ.

indemnités de formation à répartir entre les clubs formateurs sont fixées ainsi qu'il suit :

- transfert du joueur à un club d'élite one, 1 000 000 FCFA au minimum ;
- transfert du joueur à un club d'élite two, 500 000 FCFA au minimum ;
- transfert du joueur à un club de championnat provincial ou départemental, 250 000 FCFA.

Dans plusieurs affaires[51], le requérant a sollicité auprès de la CNRL, le paiement par le défendeur des indemnités de formation des joueurs. En cas d'insatisfaction de la décision rendue par la Chambre, il pourra au choix saisir soit les juridictions sportives, soit les juridictions de droit commun pour un nouvel examen de la cause.

2- Le contentieux devant la CCA du CNOSC

Il ressort de l'article 95 de la loi n° 2018/014 du 12 juillet 2018 portant organisation et promotion des activités physiques et sportives au Cameroun, qu'en cas d'épuisement des voies des recours internes à la structure sportive concernée, le litige peut être porté en dernier ressort au plan national soit devant les juridictions de droit commun, soit devant les juridictions sportives. Le choix est donc laissé aux parties au contrat de formation d'opter pour l'une ou l'autre juridiction. Dans la pratique, la procédure devant les juridictions de droit commun est rarement empruntée par les justiciables sportifs ; c'est la raison pour laquelle nous préférons limiter nos développements sur la Chambre de Conciliation et d'Arbitrage (CCA) du CNOSC.

La compétence de la CCA a pour fondements : l'article 94 alinéa 2 de la loi n° 2018/014 du 12 juillet 2018[52] ; l'article 1 alinéa 2 du Code de procédure devant la CCA qui prévoit que *« La CCA est chargée de favoriser la résolution des conflits concernant le mouvement sportif national par*

---

[51] Affaire académie des étoiles du Manengouba c/Stade Renard de Melong ; Décision N ° 010/FCF/CNRL/2016 Affaire PATHOS SPORT ACADEMY c/NEWS STARS FC ; Décision N° 012/FCF/CNRL/2015 Affaire PATHOS SPORT ACADEMY c/UNION SPORTIVE DE DOUALA.

[52] *« Les fédérations sportives sont tenues d'inscrire dans leurs statuts, une clause compromissoire ou la possibilité de recourir à un compromis d'arbitrage devant la Chambre de Conciliation et d'Arbitrage siégeant en matière d'arbitrage, en cas des conflits d'ordre sportif ».*

voie de conciliation et d'arbitrage », l'alinéa 3 du même article précise que *« La CCA est également une structure juridique chargée de la résolution des conflits portés à la connaissance du CNOSC »*, et son alinéa 5 dispose enfin que *« La CCA statue en dernier ressort sur le plan national après épuisement des voies de recours internes aux fédérations et associations sportives »*.

Conformément à l'article 96 alinéa 1 de la loi de 2018, la procédure devant la CCA débute par une conciliation préalable et obligatoire avant tout arbitrage. La conciliation commence par la saisine de la Chambre par une personne physique ou morale. Le requérant doit adresser la requête au président de la CCA. Ladite requête doit contenir certaines mentions[53]. Le demandeur doit verser un droit fixe de 100 000 FCFA non remboursables, permettant l'examen de la demande. Lorsque la demande est recevable, le président de la CCA désigne les conciliateurs chargés de connaître l'affaire[54] ; les parties ont la faculté de les récuser dans les mêmes conditions qu'en droit commun. Au dénouement de la conciliation, la décision est consignée dans un procès-verbal de conciliation partielle, totale ou de non-conciliation pour être rendue dans un délai de 15 jours à compter de la clôture des débats.

Il existe deux procédures d'arbitrage devant la CCA : la procédure d'arbitrage ordinaire et la procédure d'arbitrage exceptionnelle. Ces procédures s'appliquent à tous les contentieux sportifs, y compris les conflits relatifs au contrat de formation du sportif[55]. Le demandeur doit verser un droit fixe de cent cinquante mille (150 000) FCFA non remboursable. Après examen de la requête, le président peut rejeter ou accepter la demande. Dans le premier cas, il notifie sans délai la décision de rejet. Dans le second cas, le président procède à la désignation des arbitres devant connaître l'affaire. Les

---

53 Il doit contenir : les noms et/ou dénominations non équivoques ; les qualités et les adresses de chacune des parties ; un exposé sommaire de la nature et des circonstances du litige à l'origine de la demande ; l'objet de la demande, notamment les mesures réclamées et toutes pièces utiles pour l'examen de la requête.

54 Article 16 alinéa 1 du Code de procédure devant la CCA.

55 L'article 21 du Code de procédure dispose à ce propos que *« La Chambre de Conciliation et d'arbitrage a compétence pour organiser l'arbitrage de tout différend ou litige d'ordre sportif qui lui est soumis »*.

sentences arbitrales sont rendues dans un délai de 15 jours à compter de la clôture des débats.

Les décisions de la CCA du CNOSC ne peuvent faire l'objet de recours que devant le Tribunal arbitral du sport (TAS) siégeant à Lausanne, en Suisse.

B- Le règlement du contentieux au niveau international

Selon l'article 97 alinéa 1 de la loi n° 2018/014 du 11 juillet 2018, *« Les sentences rendues par la Chambre de conciliation et d'arbitrage du CNOSC, en matière d'arbitrage, ne sont susceptibles de recours que devant le Tribunal arbitral du sport (…) »*. Au niveau international, le Tribunal arbitral du sport (TAS) est donc compétent pour régler en dernier ressort le contentieux relatif au contrat de formation du sportif. Après avoir examiné les règles de procédure devant le TAS[56] (1), nous analyserons la force juridique de ses sentences (2).

1- Les règles de procédure devant le TAS

Devant le TAS, plusieurs procédures y sont applicables selon le type de litige dont il est saisi. Ainsi, la procédure d'arbitrage ordinaire ou de médiation est applicable aux litiges résultant de relations contractuelles ou d'actes illicites ; alors que la procédure arbitrale d'appel est appliquée aux litiges portant sur des décisions d'instance sportive.

La partie qui souhaite saisir le TAS doit soumettre une requête d'arbitrage, ou une déclaration d'appel dont le contenu est décrit dans le Code de l'arbitrage en matière de sport. Concernant la procédure d'appel, une partie ne peut interjeter appel que si elle a épuisé toutes les voies de recours internes de la fédération sportive.

Par ailleurs, toute personne physique ou morale peut saisir le TAS (athlète, club, sponsor, société de télévision, fédération sportive, académie de football, sportif en formation, etc.), dès lors qu'elle est liée par une convention d'arbitrage ou qu'elle a convenu par écrit dans un

---

[56] L'arbitrage au sein de cette juridiction internationale est soumis à une formation de trois (3) arbitres. Mais un arbitre unique peut être désigné à la condition que les parties soient d'accord, et que le TAS estime qu'il est plus approprié au regard de la nature et l'importance de l'affaire.

accord isolé. Cette désignation peut aussi être contenue dans les statuts d'une fédération sportive.

Après le dépôt de la requête d'arbitrage ou de la déclaration d'appel au TAS, le défendeur soumet une réponse au TAS. Après un échange de mémoire supplémentaire, les parties sont appelées à une audience afin d'être entendues. Après cela, le TAS rend sa sentence, soit le jour même (dans la procédure d'appel), soit quelques semaines plus tard. En général, la procédure ordinaire dure entre 6 et 12 mois ; mais la procédure d'appel est plus rapide, car la sentence doit être rendue dans les quatre mois à compter de la déclaration d'appel.

En cas d'urgence et sur requête, le TAS peut, à bref délai, ordonner des mesures provisoires ou suspendre l'exécution d'une décision dont il est fait appel. La procédure d'arbitrage ordinaire est confidentielle ; mais la procédure d'appel ne prévoit pas de règles particulières de confidentialité, même si les arbitres y sont toutefois soumis.

2- La force juridique des sentences du TAS

Une sentence rendue par le TAS est définitive et obligatoire pour les parties à compter de sa communication. Le TAS prononce des sentences arbitrales qui ont la même force exécutoire que les jugements des tribunaux ordinaires. Sa reconnaissance et son exécution ont lieu conformément aux règles prévues par la convention de New York relative à la reconnaissance et l'exécution des sentences arbitrales étrangères.

Dans des cas exceptionnels, le droit de l'arbitrage s'accorde à reconnaître la compétence exclusive du juge du siège du tribunal, pour connaître des recours en annulation dirigés contre les sentences arbitrales. La Loi fédérale suisse du 18 décembre 1987 sur le droit international privé (LDIP) prévoit que le recours contre les sentences rendues par un tribunal siégeant en Suisse doit être porté devant le Tribunal fédéral suisse, au moyen d'un recours de droit public[57].

En effet, selon l'article 190 alinéa 2 de la LDIP, une sentence arbitrale du TAS peut être attaquée lorsque *« l'arbitre unique a été irrégulièrement désigné ou le tribunal arbitral irrégulièrement composé »* ; lorsque *« le tribunal arbitral s'est déclaré à tort compétent ou incompétent »* ; lorsque *« le tribunal arbitral a statué au-delà des demandes dont il était saisi ou lorsqu'il a omis de se prononcer sur un des chefs de la demande »* ; lorsque *« l'égalité des parties ou leur droit d'être entendues en procédure contradictoire n'a pas été respecté »* ; enfin lorsque *« la sentence est incompatible avec l'ordre public »*.

Un tel recours en annulation est-il opportun dans le cadre d'un conflit opposant les parties au contrat de formation ? La question mérite d'être posée dans la mesure où la saisine du tribunal suisse est conditionnée. En effet, la lecture de l'article 74 de la Loi du 17 juin 2005 sur le Tribunal fédéral (LTF) révèle que *« le recours n'est recevable que si la valeur litigieuse s'élève au moins à : (a) 15 000 francs en matière de droit du travail et de droit du bail à loyer ; (b) 30 000 francs dans les autres cas »*. Le législateur n'a pas exclu cette disposition en matière d'arbitrage. Mais la doctrine estime que son application serait très problématique en matière d'arbitrage sportif[58] ; car devant le TAS, la valeur litigieuse est souvent indéterminée, les demandes tendant à l'annulation, voire à la confirmation de la décision d'une instance sportive. La doctrine majoritaire plaide pour que le recours reste ouvert indépendamment de la valeur litigieuse[59]. Par ailleurs, il faut ajouter à cela que le recours en annulation a un coût qui souvent, n'est pas à la portée des clubs formateurs. En effet, selon l'article 62 LTF, la partie qui dépose un recours doit fournir une avance de frais *« correspondant aux frais judiciaires*

---

57 EBONGOM (J.H.), Les spécificités du contrat de travail du footballeur au Cameroun, Mémoire de master 2 — recherche, Université de Yaoundé 2, 2015-2016, p. 58.

58 KAUFMANN-KOHLER (G.) et RIGOZZI (A.), *Arbitrage international — Droit et pratique à la lumière de la LDIP*, Berne 2007, nos 734–740, pp. 312–313. Cité par RIGOZZI (A.), « Le recours contre les sentences du Tribunal arbitral du sport (TAS) », *in* présentation orale à l'occasion de la conférence « A l'aube de l'UEFA EURO 2008 : Questions juridiques d'actualité », 2008, p. 221.

59 RIGOZZI (A.), op.cit., p. 221.

présumés », dont le montant sera *« calculé en fonction de la valeur litigieuse, de l'ampleur et de la difficulté de la cause, de la façon de procéder des parties et de leur situation financière »*[60]. C'est à se demander si l'objectif n'est pas de dissuader les parties aux litiges.

Conclusion

À l'issue de cette étude, nous sommes convaincus que la formation doit être encouragée dans le sport en général, et dans le football en particulier. Ceci passe indubitablement par un cadre juridique bien ficelé à même de protéger à la fois les intérêts du jeune sportif et du centre de formation. Le jeune sportif n'est pas une marchandise. Le club dans lequel il évolue doit lui délivrer un double enseignement : l'un centré sur le football, et l'autre sur le scolaire. Ce dernier favorise l'éveil, la progression et l'érudition de l'enfant. Le sportif quant à lui doit poursuivre sa formation en respectant la discipline mise en place par le club. L'inobservation des obligations du contrat de formation entraîne diverses sanctions spécifiques à la matière sportive. L'abondant contentieux découlant du contrat de formation montre bien l'importance de la formation dans le monde du sport. Si le Cameroun veut revenir au sommet du football mondial, il est plus qu'urgent que les autorités sportives mettent en place des moyens humains et matériels, en vue de garantir *« une bonne formation »*.

---

60 Art. 65 LTF.

BIBLIOGRAPHIE SELECTIVE

I- Ouvrages et articles

AUZERO (G.), BAUGARD (D.), DOCKES (E.), *Droit du travail,* 32e édition, Précis Dalloz, Paris, 2019.

BUY (F.), MARMAYOU (J-M), PORACCHIA (D.) et RIZZO (F.), *Droit du sport*, 6e édition, LGDJ, 2020.

BUY (F.), MARMAYOU (J-M), PORACCHIA (D.) et RIZZO (F.), *Droit du sport*, 4e édition, LGDJ, 2015.

BUY (F.) et RODA (J.-C), « Les 20 ans de l'arrêt Bosman », JCP G 2015.

BANDOLO (F.X.), « Les droits fondamentaux du mineur sportif au Cameroun », in Revue africaine de droit et économie du sport, L'Harmattan, Vol.2 n° 03 juillet-décembre 2021, pp. 117-158.

COLLOMB (P.), « Les contrats relatifs à la formation », in SIMON (G.) (Dir.), *Les contrats des sportifs, L'exemple du football professionnel*, PUF., 2003.

DUDOGNON (Ch.) et KARAQUILLO (J-P.), *Dictionnaire juridique du sport*, Dalloz, Juris éditions, 2013.

EBONGOM (J.H.), Les spécificités du contrat de travail du footballeur au Cameroun, Mémoire de master 2 — recherche, Université de Yaoundé 2, 2015-2016, p. 58.

KAUFMANN-KOHLER (G.) et RIGOZZI (A.), *Arbitrage international — Droit et pratique à la lumière de la LDIP*, Berne 2007.

KOUMENI TCHOUPE (J.Th.), « Le contrat de travail des joueurs de football au Cameroun », in *Revue Africaine de droit et économie du sport*, l'Harmattan, Vol.2 n° 3 Juillet-Décembre, 2021, PP. 159-200.

RIGOZZI (A.), « Le recours contre les sentences du Tribunal arbitral du sport (TAS) », in présentation orale à l'occasion de la conférence « A l'aube de l'UEFA EURO 2008.

SINGER (G.), "Les indemnités de formation versées à l'occasion d'un transfert", in AUMERAN (X) (Dir), *Les transferts des sportifs dans un monde globalisé*, LexisNexis, 2021.

VERANE (S.), "Convention de formation", in DUDOGNON (Ch.) et KARAQUILLO (J-P.) (Dir.), *Dictionnaire juridique du sport*, Dalloz, Juris éditions, 2013.

II-Décisions de justice

RIZZO (F.), "Affaire N'Zogbia : utiles précisions relatives au droit à réparation des clubs de football victime de 'débauchages' internationaux de joueurs en formation", note sous TAS, 28 octobre 2005, 2004/A/791, Le Havre AC c/FIFA, Newcastle United FC et Charles N'Zogbia in Les cahiers de droit du sport, n° 03, Presses Universitaires d'Aix-Marseille, 2006, pp. 251-262.

RIZZO (F.), "Affaire Flamini : utiles précisions relatives au droit à réparation des clubs de football victime de 'débauchages' internationaux de joueurs en formation (suite)", note sous TAS, 31 octobre 2005, 2004/A/761, Olympique de Marseille c/FIFIA, Arsenal et Mathieu Flamini in Les cahiers de droit du sport, n° 03, Presses Universitaires d'Aix-Marseille, 2006, pp. 263-273.

TSASSE SAHA (G.G.), Obs. sous Décision n° 11/FCF/CNRL/2018 CNRL, Affaire académie des étoiles du Manengouba c/Stade Renard de Melong et Décision n° 17/FCF/CNRL/2018 CNRL affaire NGATCHOU NKWISSANGA Théodore c/AS ETOA-MEKI de Yaoundé, in Revue camerounaise de droit du sport, Vol. 1, n° 001 juillet-décembre 2020, p. 43-60.

Décision N° 003/FCF/CNRL/2016 Affaire EKANI XAVIER c/COLOMBE DE SANGMELIMA, inédit.

Décision N° 006/FCF/CNRL/2015 Affaire BADAMASSI SOULEY c/UNION DES MOUVEMENTS SPORTIFS DE LOUM, inédit.

Décision N° 008/FCF/CNRL/2014 Affaire BOYONG GENEVIEVE c/OURAGAN DE YAOUNDÉ, inédit.

Affaire académie des étoiles du Manengouba c/Stade Renard de Melong, inédit.

Décision N° 010/FCF/CNRL/2016 Affaire PATHOS SPORT ACADEMY c/NEWS STARS FC, inédit.

Décision N° 012/FCF/CNRL/2015 Affaire PATHOS SPORT ACADEMY c/UNION SPORTIVE DE DOUALA, inédit.

Décision n° 11/FCF/CNRL/2018 CNRL, Affaire académie des étoiles du Manengouba c/Stade Renard de Melong, inédit.

Décision N° 004/FCF/CNRL/2016 Affaire NKE DIEUDONNE JEAN c/TONNERRE KALARA CLUB, inédit.

Décision N° 009/FCF/CNRL/2016 Affaire ARSENAL FC c/RENAISSANCE DE NGOUMOU, inédit.

Décision N° 021/FCF/CNRL/2016 Affaire ABANDA ENGAMA c/ARSENAL DE YAOUNDÉ, inédit.

III- Textes de loi

La loi n° 2018/014 du 11 juillet 2018 portant organisation et promotion des activités physiques et sportives au Cameroun
Loi n° 2018/010 du 11 juillet 2018 régissant la formation professionnelle au Cameroun
Code civil applicable au Cameroun
Code du travail applicable au Cameroun
Règlement du statut et du Transfert des joueurs, des clubs affiliés à la FECAFOOT
Règlements généraux de la FECAFOOT
Résolution n° 002/R/CA/ANAFOOT du 16 août 2017 portant adoption de l'Organigramme de l'Académie Nationale de Football (ANAFOOT).

LA PROTECTION SOCIALE DU SPORTIF DE HAUT NIVEAU AU CAMEROUN

Par

VONDOU Pascal

Docteur en droit privé à l'Université de Maroua

Résumé

La présente étude met en lumière les difficultés auxquelles sont exposés les sportifs de haut niveau s'agissant de leur protection sociale. Ceux-ci, étant en majorité non-salariés, sont animés par la passion du sport ; et participent avec fierté aux compétitions internationales contribuant à leur rayonnement, et leur permettant de placer leur pays au rang des meilleurs. Toutefois, pendant qu'ils s'investissent activement à la cohésion et au développement social de la nation, ils pâtissent d'une intégration sociale inadaptée ; non seulement durant leur carrière, mais aussi à la fin de celle-ci. Cette analyse consistera à comprendre les justifications d'un tel manquement ; alors que la loi consacre le développement du sport de haut niveau, ainsi que les mesures d'accompagnement au bénéfice de ces sportifs. Malgré les différents dispositifs mis en place, la majorité de ces sportifs de haut niveau se retrouve insuffisamment préparée à une intégration sociale réussie à l'expiration de leur carrière sportive. Cela est dû à une inadéquation entre les règles du droit commun du travail et le système de protection des sportifs de haut niveau qui bénéficient des mesures d'accompagnement ; non pas sous forme de salaire, mais sous forme d'aides et de dons. De tels dispositifs mis en place par les pouvoirs publics et les fédérations sportives doivent encore être améliorés. Même si l'on note de manière significative les différents aménagements, les sportifs de haut niveau ont besoin d'être davantage soutenus, tant financièrement qu'en matière de couverture sociale, à l'image des travailleurs qui bénéficient d'un statut juridique, mieux encore d'une protection sociale adaptée.

Mots clés : protection, sportif de haut niveau, couverture sociale, intégration sociale et carrière sportive.

Introduction

L'importance du sport dans nos sociétés, bien que relevant d'une dynamique économique, s'inscrit dans un phénomène purement social faisant en sorte que sa relation avec le travail et le niveau de protection sociale[1] qui en découle confère aux sportifs un statut juridique[2] indéniable. Aujourd'hui, l'ensemble du droit est régulièrement sollicité pour protéger les sportifs, dont le nombre de plus en plus élevé dans les associations sportives contribue à élever le phénomène sportif dans une composante importante de la vie sociale. C'est ce qui explique l'application d'une grande partie des branches du droit dans cette activité. En effet, on applique les règles du droit de travail aux activités sportives[3]. De ce fait, les sportifs restent soumis à ces règles, à travers les contrats qu'ils concluent avec leurs clubs. Ils peuvent être qualifiés de sportifs professionnels, amateurs ou de sportifs de haut niveau. Tous ces acteurs peuvent percevoir des primes, des droits d'engagement ; ainsi que des salaires provenant de leurs clubs, de la fédération sportive, d'un partenaire, d'un organisateur, des institutions ou organismes publics[4]. Ce qui caractérise la diversité de leurs situations juridiques.

Le sportif de haut niveau se distingue des autres catégories de sportifs[5]. Il exerce l'ensemble de ses activités en concourant à sa

---

1 L. LEROUGE et F. MANDIN, « Travail et protection sociale au bénéfice du sportif : Étude comparée : France, Italie, Royaume-Uni », *Bulletin de droit comparé du travail et de la sécurité sociale,* 2010, p. 95.

2 Le statut juridique des sportifs permet de mieux accompagner les sportifs, de les protéger et de sécuriser leur situation juridique et sociale ; afin qu'ils puissent se préparer, et exercer leur activité sportive en toute quiétude. Elle est véritablement porteuse de progrès pour les sportifs de haut niveau, comme pour les sportifs professionnels. Elle représente une avancée pour le sport en général ; tant pour le sport d'élite que le sport amateur. V., aussi J-P. KARAQUILLO, « Statut des sportifs », Rapport adressé à Monsieur T. BRAILLARD, 2015, p. 51.

3 J-J. BERTRAND et N. BRANDON, « Le contrat de travail du sportif », *Legicom*, Vol 3, n° 23, 2000, pp. 119-126.

4 Athlète et statut social du sportif développé par le SERVICE DES CLUBS de la FIFA janvier 2009, voir en ligne http://www.athle.com, consulté le 12/12/2021 à 11 h 52.

5 Il s'agit des sportifs professionnels et des sportifs amateurs : dans le langage courant, nous distinguons le **sportif professionnel** du **sportif amateur.** Le premier exerce

préparation et à sa participation aux compétitions, en vue de la réalisation des performances évaluées par référence aux normes nationales et internationales[6]. Il peut cependant exercer son activité sous forme professionnelle. En raison de ses performances dans les compétitions nationales et internationales, il bénéficie d'une prise en charge de l'État[7] qui valorise la promotion du sport de haut niveau[8]. La qualité de « *sportif de haut niveau* » est une distinction inventée par l'État pour promouvoir la politique du sport. Cette qualité ouvre le droit pour le sportif à un accompagnement matériel et professionnel tout au long de sa carrière[9].

Il ne fait donc pas de doute que les sportifs de haut niveau, tout comme les sportifs professionnels ou amateurs[10], jouent un rôle essentiel en matière de cohésion nationale et de rayonnement de leur pays[11]. Si le sportif professionnel bénéficie d'un cadre légal protecteur dans ses rapports avec son employeur[12], le sportif de haut niveau quant à lui éprouve une situation très variable[13] ; alors qu'il a besoin d'être davantage soutenu, tant financièrement qu'en matière de couverture sociale. Celui-ci rencontre parfois des difficultés psychologiques au moment d'envisager sa reconversion. Une fin de carrière non planifiée et/ou peu préparée conduit parfois à des situations très délicates à

---

son activité sportive à titre de profession. Le second l'exerce uniquement par plaisir. Or, cette distinction ne repose sur aucun fondement juridique. Par exemple, un sportif « amateur » peut vivre de son jeu, et peut juridiquement se qualifier de professionnel. V., N. DAMONT et M. FALCOZ, « Questionner la frontière floue entre amateur et professionnel », *Marché et organisation*, vol. 3, n° 27, 2016, pp. 83-103.

6 Art. 10 sur la définition du « sport de haut niveau » de la loi n° 2018/014 du 11 juillet 2018 portant organisation et promotion des activités physiques et sportives au Cameroun.

7 Art. 21 de la loi n° 2018/014 du 11 juillet 2018 portant organisation et promotion des activités physiques et sportives au Cameroun.

8 Art. 22 de la loi précitée.

9 C. DELIE, « Le sportif de haut niveau : quel statut juridiquement ? », V. en ligne https://beaubourg-avocats.fr, consulté le 06 avril 2023 à 14 h 30.

10 Le sportif professionnel est celui qui exerce son activité contre rémunération, V. J-J. BERTRAND et N. BRANDON, « Le contrat de travail du sportif », *op. cit.*, p. 97.

11 J-P. KARAQUILLO, « Statut des sportifs », *op. cit.*, p. 4.

12 J-J. BERTRAND et N. BRANDON, « Le contrat de travail du sportif », *op. cit.*, p. 120.

13 L. LEROUGE et F. MANDIN, « Travail et protection sociale au bénéfice du sportif : Étude comparée : France, Italie, Royaume-Uni », *op. cit.*, p. 93.

l'origine — dans certains cas — de comportements addictifs liés à la consommation excessive de substances (alcool, drogues), et l'émergence d'états dépressifs[14]. Le vide et l'isolement, associés à l'arrêt de la pratique sportive à haut niveau, sont pour un nombre non négligeable de sportifs considérés comme « *une petite mort* »[15].

Par conséquent, ces sportifs — contrairement à l'observation faite de quelques athlètes médiatiquement connus et mieux protégés — vivent bien souvent dans des conditions matérielles et sociales délicates[16]. Leur protection sociale demeure alors une problématique certaine, d'autant plus que la plupart d'entre eux subviennent plus ou moins aisément à leurs besoins[17]. Ce constat nous amène à nous interroger sur les modalités et mesures à prendre pour éviter cette précarité. Autrement dit, qu'est-ce qui justifie cette protection inefficace, alors que la loi n° 2018/014 du 11 juillet 2018 consacre le développement du sport de haut niveau[18] ? Cette interrogation relève fondamentalement la question du régime juridique de la protection des sportifs de haut niveau.

Pour l'essentiel, la détermination de ce régime s'applique dès lors que le sportif remplit les conditions requises. Malheureusement, celles-ci (les conditions socio-économiques de la pratique, la brièveté de la carrière ou de la performance) n'ont pas généré un régime de protection intégrant ; comme en droit du travail, le particularisme de l'activité. Pourtant en s'accordant avec J-P. KARAQUILLO, on sait que : « *l'un des objectifs primordiaux du sport de haut niveau est celui d'offrir à la pratique du sport de haut niveau et professionnel des cadres juridiques adaptés. Ainsi, la priorité doit clairement être accordée à la protection sociale et financière des athlètes de haut*

---

14 J-P. KARAQUILLO, « Statut des sportifs », *op. cit.*, p. 16.

15 *Ibid.*

16 On peut également l'observer chez certains sportifs professionnels, en particulier dans les divisions fédérales et professionnelles chez les sportives féminines qui ne sont pas encore économiquement stabilisées ; ainsi que pour des athlètes de sports individuels qui évoluent sur les circuits mondiaux sans parvenir totalement à bénéficier de revenus décents. V. aussi J-P. KARAQUILLO, « Statut des sportifs », *op. cit.*, p. 5.

17 J-P. KARAQUILLO, « Statut des sportifs », *op. cit*, p. 51.

18 Art. 20 de la loi de 2018.

niveau »[19]. C'est pourquoi il est utile d'offrir à ces sportifs des conditions sociales et matérielles leur permettant de se consacrer pleinement et en toute sérénité à la préparation de leurs échéances sportives, devant notamment se matérialiser par une couverture sociale spécifique[20] comme en droit commun du travail. Cette projection vient du fait que la protection sociale présente une inadéquation au titre du régime général de droit commun (I), qu'il conviendra d'étudier avant de se consacrer aux aménagements spécifiques visant à garantir une protection légitimement due[21] aux sportifs de haut niveau (II).

I. L'inadéquation de la protection sociale du sportif de haut niveau au titre du régime général du droit du travail

La protection sociale du sportif de manière générale se propose d'associer le droit de la sécurité sociale — droit général, interprofessionnel et d'ordre public — avec un secteur d'activité particulier qu'est le sport. Au-delà de son actualité, celui-ci est fructueux en raison des particularismes que présente son activité salariée, laquelle se retrouve parfois dans d'autres activités professionnelles. L'individu, exposé par l'activité sportive à des risques professionnels (blessures, maladies) d'une intensité rare qui impliquent systématiquement l'évolution de celui-ci vers une nouvelle activité professionnelle, doit bénéficier d'une couverture sociale[22]. Les sportifs professionnels sont finalement dans le champ du droit commun de la sécurité sociale, et peuvent être considérés comme des assurés sociaux a priori

---

[19] J-P. KARAQUILLO, « Statut des sportifs », *op. cit.*, p. 51.

[20] S'agissant du financement, signalons à cet égard qu'a été évoquée par Me B. PEYRELEVADE l'idée de créer un régime participatif issu du partenariat sportif, qui pourrait être qualifié de « *Fonds d'aide, de formation, de reconversion, de prévoyance pour les sportifs de haut niveau* ». Il permettrait de leur offrir une protection sociale, une offre de formation et de reconversion, un régime de prévoyance, voire une couverture assurantielle spécifique, financés par une contribution proportionnelle prélevée sur les contrats de « partenariat sportif » des athlètes et des fédérations sportives délégataires.

[21] A. BLONDIN, « Pour l'athlète comme pour le poète, la vie n'est qu'un second métier », *Mes petits papiers*, La Table ronde, 2006, p. 306.

[22] X. AUMERAN, *La protection sociale du sportif salarié*, thèse de doctorat, Université Jean Moulin Lyon III, 2016, p. 243. V., art. 22 de la loi n° 2028/014 du 11 juillet 2028 portant organisation et promotion des activités physiques et sportives au Cameroun.

ordinaires[23]. À ce titre, ils ont droit aux prestations servies dans les différents régimes de droit commun[24]. Les prestations dont ils peuvent bénéficier sont globalement de trois types : accidents du travail et maladies professionnelles ; assurances sociales ; et prestations familiales. Cependant, la fragilité du statut des sportifs de haut niveau (A) — contrairement aux sportifs professionnels — entraîne comme conséquence une insuffisance des prestations dues à l'égard de cette catégorie de sportifs (B).

A. La fragilité du statut social des sportifs de haut niveau

Derrière la qualification de sportif de haut niveau se cachent des situations sociales et professionnelles très variées, dans la mesure où certains sont scolarisés[25] ; tandis que d'autres occupent un emploi lié ou non à leur pratique professionnelle. D'autres encore sont sans emploi, tout en ayant renoncé à en chercher un en raison des contraintes de temps liées à leur pratique sportive, *etc.* Toutefois, peu importe leur caractéristique, ceux-ci ont des points communs qui font qu'ils ne sont pas couverts socialement en cas d'accidents ou de maladies professionnelles liées à leur pratique sportive ; à l'exception bien entendu des rares sportifs de haut niveau qui sont salariés d'une association sportive, d'un club ou d'une fédération[26] sportive. Dans le contexte camerounais, on constate d'un point de vue général que ces derniers ne sont qu'imparfaitement prémunis contre les risques sociaux que sont la maladie, le chômage, la vieillesse, les accidents du travail, la maternité, l'invalidité et le décès. Ce qui peut être justifié par le statut

---

23 M-A. MOUTHIEU, « La protection sociale du sportif salarié en droit camerounais », *Signatures internationales*, Bull n° 4, 2021, p. 70 ; J.P. KARAQUILLO, « Sport et droit social, présentation générale », in E. BOURNAZEL (dir.), *Droit d'expression et d'inspiration française : sport et droit*, 27ème congrès de l'institut de droit d'inspiration et d'expression française, Le Caire, 2000, Bruxelles, Bruylant, 2000, p. 423.

24 L. LEROUGE et F. MANDIN, « Travail et protection sociale au bénéfice du sportif : Étude comparée : France, Italie, Royaume-Uni », *op. cit.*, p. 104.

25 V., art. 26 al. 1 et 2 de la loi de 2018.

26 Propositions de loi visant à protéger les sportifs de haut niveau et professionnels, et à sécuriser leur situation juridique et sociale en France, V. Rapport n° 70 (2015-2016) de M. SAVIN, fait au nom de la commission de la culture, de l'éducation et de la communication, déposé le 14 octobre 2015.

social inabouti du sportif de haut niveau (1), et sa situation économique et sociale précaire (2).

1. Le statut social inabouti du sportif de haut niveau

Les sportifs de haut niveau présentent une situation sociale inaboutie[27]. Malgré le fait qu'ils brillent lors des compétitions internationales, ils ne bénéficient pas pour la plupart d'un statut de salariés. Ils ne peuvent donc pas être qualifiés de sportifs professionnels, tant qu'ils ne sont pas dans une situation économiquement stable[28]. Ils vivent bien souvent dans des conditions matérielles et sociales précaires[29]. La justification et la délimitation du rapport sont fonction, tout à la fois, de constats continus quant à l'inadéquation de la situation sociale et juridique des sportifs considérés au regard de leur identité citoyenne et sociale ; et de données conjoncturelles qui les affectent au plus haut niveau des compétitions sportives[30]. En 2016, une étude réalisée en France a montré que sur 6000 sportifs de haut niveau, 5000 ne sont pas salariés. On pourrait, au regard de ce constat, penser à la mobilisation en faveur de la revalorisation du statut des sportifs de haut niveau ; pendant et après leur carrière sportive[31].

Mais avant, il est important de bien distinguer le sportif de haut niveau du sportif professionnel, afin de voir les sportifs à même de pouvoir bénéficier de cette revalorisation. Le sportif professionnel peut être un sportif de haut niveau, c'est-à-dire reconnu par le ministère des Sports et de l'Éducation physique ; et participant à des compétitions

---

[27] L. MANFREDI et A. FLANQUART, « Excellence sportive : améliorer les conditions de vie des sportifs de haut niveau », Rapport consacré aux politiques publiques du sport, 24 avril 2013, p. 4.

[28] L. LEROUGE et F. MANDIN, « Travail et protection sociale au bénéfice du sportif : Étude comparée : France, Italie, Royaume-Uni », *op. cit.*, p. 97.

[29] L. MANFREDI et A. FLANQUART, « Excellence sportive : améliorer les conditions de vie des sportifs de haut niveau », *op. cit.*, p. 2.

[30] J-P. KARAQUILLO, « Statut des sportifs », *op. cit.*, p. 4.

[31] V. DALMASSE, B. GUILLOT, C. HERRMAN et C. MATHIVET, « Sportifs de haut niveau... Et après ? La reconversion professionnelle des sportifs de haut niveau », Projet du Lab'Ho en partenariat avec le Comité National Olympique et Sportif français, le Comité Paralympique et Sportif français et la Fondation *The Adecco Group*, p. 6, V. en ligne, www.groupe-adecco.fr, consulté le 15/06/2023 à 13 h.

avec l'équipe nationale. Mais la majorité des sportifs de haut niveau ne sont pas forcément professionnels. Les sportifs professionnels exercent leur activité au sein des clubs professionnels, et sont liés à ceux-ci par le biais d'un contrat qui leur donne le titre de joueurs professionnels[32]. C'est régulièrement le cas avec les disciplines de sport collectif. Cependant, certaines disciplines de sport individuel générant de hauts revenus contraignent les pratiquants à s'orienter vers un statut de sportifs professionnels. La qualité de sportif professionnel se définit en plus par la pratique du sport contre rémunération ; dans le cadre d'un contrat de travail conclu auprès d'un employeur, le club sportif[33].

S'agissant du sportif de haut niveau, il faut dire, de manière institutionnelle, que le sport de haut niveau est encadré par la loi de n° 2018/014 du 11 juillet 2018 portant organisation et promotion des activités physiques et sportives au Cameroun qui précise que « *les modalités d'organisation et de fonctionnement du sport de haut niveau sont fixées par voie réglementaire* »[34]. « *La qualité de sportif de haut niveau s'obtient par l'inscription sur la liste des sportifs de haut niveau arrêtée par le ministre chargé des sports sur proposition de la Commission Nationale du Sport de Haut Niveau* »[35]. La qualité de sportif de haut niveau est reconnue par les performances du sportif de haut niveau, validées par les instances fédérales sportives nationales. Celles-ci qui, au travers de minima, justifient l'inscription sur les listes de référence. Le tout est encadré par la commission nationale du sport de haut niveau qui en définit l'accès et la limite par des quotas.

Pour assurer leur existence, ces athlètes bénéficient de systèmes d'aides individualisées. L'argent que perçoivent les sportifs de haut niveau ne correspond pas au salaire ; mais il intervient plutôt sous forme de dédommagement, de remboursement de frais plus ou moins réels. Cet argent que reçoivent les sportifs prend donc rarement la forme d'un salaire. Par conséquent, les sportifs ne cotisent pas sur cet

---

[32] J-P. KARAQUILLO, « Statut des sportifs », *op. cit.*, p. 4.
[33] Art. 40 al. 1 de la loi de 2018.
[34] Art. 60 al. 2 de la loi de 2018.
[35] Art. 24 al. 2 de la loi de 2018.

argent et n'accèdent pas aux prestations de protection sociale[36]. Le statut incomplet du sportif de haut niveau présente finalement une situation inconfortable de cette catégorie de sportif[37].

En effet, en l'absence de revenus stables et suffisants, les sportifs de haut niveau font face à une couverture sociale lacunaire[38]. Il n'existe ainsi pas d'assurance chômage pour les sportifs de haut niveau. Chaque année, l'inscription sur les listes de sportifs de haut niveau est réétudiée en fonction des résultats de l'année précédente. Ainsi, lorsqu'un sportif de haut niveau a une année difficile en raison de contre-performances ou de blessures, il risque de perdre son inscription sur les listes ministérielles et les aides financières qui l'accompagnent. En l'absence d'assurance chômage, une mauvaise année pour un sportif se traduit inéluctablement par la perte de tout revenu. D'où la précarité de sa situation économique.

2. La situation économique et sociale précaire du sportif de haut niveau

Pour comprendre la situation précaire du sportif de haut niveau, il faut se référer au contexte économique difficile du sport camerounais. En effet depuis le séminaire portant sur les états généraux du sport au Cameroun tenu à Yaoundé en 1992, la situation de la crise du mouvement sportif avait déjà fait écho, au regard des différents rapports présentés en cette circonstance[39]. En réalité, ce constat n'est pas nouveau. Monsieur Paul Gérard POUGOUE n'expliquait-il pas déjà la situation difficile de la protection sociale des travailleurs avec la crise économique dans les relations de travail[40] ? Cela ne fait donc aucun doute quant à la précarité de la protection sociale des sportifs en général, et des sportifs de haut niveau en particulier[41]. Ceux-ci n'étant

---

36 L. MANFREDI et A. FLANQUART, « Excellence sportive : améliorer les conditions de vie des sportifs de haut niveau », *op. cit.*, p. 4.

37 *Ibid.*

38 *Ibid.*

39 D-C. KEMO KIEMBOU, « L'État, le politique et le sport au Cameroun, le paradoxe d'une institutionnalisation », Regard sociologue, n° 2, 2000, pp. 27-37.

40 P-G. POUGOUE, Cameroun : « Situation de travail et protection des travailleurs », V. en ligne, http://www.ilo.org, consulté le 20 avril 2023 à 5 h.

41 J-P. KARAQUILLO, « L'application des dispositions du Code du travail au contrat de travail du sportif professionnel : Une contribution à l'interprétation des textes relatifs au contrat de travail à durée déterminée », *Revue de droit du travail,* 2010, p. 4.

que rarement salariés — à la différence des sportifs professionnels —, leur couverture sociale demeure donc lacunaire[42]. C'est ce qui justifie la précarité de leur situation économique, contrairement aux sportifs professionnels qui ont une situation économique stable.

Alors que sur le terrain du droit du travail, les conditions de travail des sportifs salariés ont progressivement imposé des pratiques communes — comme la durée du contrat, les conditions de travail et le transfert — qui ont influencé les droits nationaux au point de réduire leurs différences. Les régimes de protection sociale n'ont pas été aussi influencés par les particularismes du statut du sportif salarié[43]. Pour le moment, « *les conditions socio-économiques de la pratique sportive n'ont pas généré un régime de protection intégrant, comme en droit du travail, le particularisme de l'activité. Leur pratique sportive ne suffit pas toujours à leur assurer une stabilité financière. C'est ce qui explique la précarité de leur situation financière. La situation financière impacte moins les sportifs professionnels, car ils vivent leur vie professionnelle et leur carrière sportive de façon concomitante* »[44].

La rémunération des sportifs est très variable. En effet, en l'absence de revenus stables et suffisants des sportifs de haut niveau rarement salariés, leur couverture sociale est imparfaite. Il n'existe pas d'assurance chômage pour les sportifs de haut niveau. Chaque année, l'inscription sur les listes de sportifs de haut niveau est réétudiée en fonction des résultats de l'année précédente[45]. Ainsi, lorsqu'un sportif de haut niveau a une année difficile en raison de ses performances ou de blessures, il risque de perdre son inscription sur la liste du ministère des Sports et de l'Éducation physique, et les aides financières qui l'accompagnent. Par ailleurs, en l'absence d'assurance chômage, une mauvaise année pour un sportif se traduirait inéluctablement par la perte de tout revenu. Cela est d'ailleurs de plus en plus observé dans l'accompagnement difficile des sportifs de haut niveau au Cameroun.

---

42 V., https://ween-hub.org, Quelle est la situation financière des sportifs de haut niveau ? Consulté le 18 avril 2023 à 22 h 55 ; L. MANFREDI et A. FLANQUART, « Excellence sportive : améliorer les conditions de vie des sportifs de haut niveau », *op. cit.*, p. 4.

43 L. LEROUGE et F. MANDIN, « Travail et protection sociale au bénéfice du sportif : Étude comparée : France, Italie, Royaume-Uni », *op. cit.*, p. 96.

44 *Idem.*

45 Art. 24 al., 2 de la loi de 2018.

On s'aperçoit sans risque de se tromper que « *le financement du sport décroît, ce qui atteste d'une forte corrélation entre la santé économique du principal bailleur de fonds du sport et sa capacité à faire face aux dépenses générées par la prise en charge du mouvement sportif. Il devient évident que lorsque la seule source de financement des activités physiques et sportives est défaillante, c'est tout le système qui en pâtit* ». Par conséquent, le sportif de haut niveau va subir les insuffisances d'une couverture sociale légitimement due.

B. La relative prise en charge des risques professionnels au bénéfice du sportif de haut

Le régime de protection sociale du sportif a été influencé par les règles du droit du travail, notamment au niveau de la prise en charge des risques professionnels au bénéfice des travailleurs. Ces risques sont assurés au Cameroun par la CNPS, qui prend en charge les accidents de travail et les maladies professionnelles[46] au bénéfice de l'assuré. Pour le sportif de haut niveau qui ne cotise pas à la CNPS, l'État finance la prise en charge de cette catégorie de sportifs[47] ; en leur permettant de bénéficier d'une couverture au titre des accidents du travail (1) et des maladies professionnelles, malheureusement insuffisante et inadaptée (2).

1. Une prise en charge insuffisante du sportif de haut niveau au titre d'accident du travail

Le « *risque accident sportif* » est important dans une pratique sportive de haut niveau ; et un nombre conséquent de sportifs ne bénéficie pas d'une couverture sociale sécurisante, adaptée aux accidents du sport[48]. En effet, est considéré comme accident de travail, quelle qu'en soit la cause, l'accident survenu à tout travailleur par le fait ou à l'occasion du travail, pendant le trajet aller et retour (entre sa résidence principale ou une résidence secondaire présentant un caractère de stabilité et son lieu de travail ; le lieu de travail et le restaurant, la cantine ou d'une manière générale, le lieu où il prend habituellement ses repas), pendant les voyages dont les frais sont à la charge de l'employeur en application du Code du travail (à condition que le parcours n'ait pas été interrompu

---

46 M-A. MOUTHIEU, « La protection sociale du sportif salarié en droit camerounais », *Signatures internationales*, Bull n° 4, 2021, p. 75.

47 Art. 22 de la loi de 2018 portant organisation et promotion des APS au Cameroun.

48 Document de la Direction Technique Nationale de haut niveau sur la couverture des sportifs de haut niveau au titre d'accident de travail et de maladies professionnelles de la Fédération Française de Tennis de Table, v en ligne https://www.fftt.com, consulté le 31 mai 2023 à 18 h 24.

ou détourné par un motif dicté par l'intérêt personnel et étranger aux nécessités du travail ou de l'emploi[49]).

Cette définition de l'accident de travail en matière sportive n'est pas en principe limitée à un sport et/ou à un pays. Elle est universelle. Et même s'il existe des différences au moment de la prise en charge, elle est globalement commune à tous les pays. Cela tient d'après JOKLIK, à l'unité de temps et de lieu des règles sportives[50]. Cependant, même si le mouvement sportif a perçu la nécessité de réguler le marché sportif — en particulier le marché du travail —, et afin que les conditions économiques ne faussent pas la compétition, il faut tout de même reconnaître que la comparaison des systèmes juridiques quant à la prise en charge de ces risques sportifs présente une certaine différence autour de la problématique commune qu'est le sport ; et sa relation avec le travail et le niveau de protection sociale qui en découle[51]. Ces développements démontrent que les droits étatiques n'ont pas nécessairement apporté les mêmes niveaux de réponse dans la reconnaissance du statut social des sportifs[52]. L'on est donc en droit de dire que l'universalité sportive cède sa place à la diversité des droits nationaux.

C'est la raison pour laquelle le système camerounais présente des insuffisances ; notamment à la lecture de l'article 46 de la loi n° 2018/014 du 11 juillet 2018 portant organisation et promotion des activités physiques et sportives relatif à la souscription obligatoire d'assurance en matière sportive. En effet, selon le Professeur

---

49 Art. 2 de la loi n° 77-11 du 13 juillet 1977 portant réparation et prévention des accidents de travail et des maladies professionnelles au Cameroun.

50 A. JOKLIK, 'The legal status of professional athletes: differences between the United States and the European Union concerning free agency', *Sports Lawyers Journal*, 2004. Vol. 11, p. 223.

51 L. LEROUGE et F. MANDIN, « Travail et protection sociale au bénéfice du sportif : Étude comparée : France, Italie, Royaume-Uni », *op. cit.*, p. 95.

52 B. DABSCHECK et H. OPIE, « Sport, Travail et Protection sociale en Australasia », dans le présent Bulletin, pp. 185-207 ; N. POUTILO et T. MELNIK, « Étude comparative de la protection sociale des sportifs en Biélorussie, Kazakhstan, Moldavie, Fédération de Russie et Ukraine : Des progrès en ordre de marche », dans le présent Bulletin, pp. 115-137 ; N. INOUE, « Les problématiques juridiques relatives aux liens entre sportifs professionnels et statut de travailleurs au Japon », dans le présent Bulletin, pp. 139-157 ; et R. LE ROUX, « Droit du travail et de la sécurité sociale dans le sport sud-africain », dans le présent Bulletin, pp. 159-183.

MOUTHIEU, le législateur singularise la protection sociale du sportif salarié en mettant un accent particulier sur la prévention et le traitement du risque sportif ou des accidents sportifs[53]. Cette loi est suffisamment vague, et présente l'inconvénient de rendre difficile toute tentative de détermination de l'étendue de l'assurance à souscrire obligatoirement[54]. Ni la pratique floue des assurances sportives au Cameroun ni le droit issu des fédérations sportives ne l'éclaire suffisamment[55].

Si le traitement juridique du risque sportif[56] est de manière générale perçu par bon nombre d'auteurs comme constituant la seule protection sociale au bénéfice du sportif, il existe bien d'autres prestations (telle que les maladies professionnelles) malheureusement inadaptées dans le secteur sportif.

2. Une couverture inadaptée des maladies professionnelles

Est définie comme maladie professionnelle toute altération organique ou fonctionnelle du travailleur, suscitée par l'accomplissement de certains travaux dans l'exercice de ses fonctions. Elle désigne donc toute maladie résultant de l'exercice de certaines activités professionnelles ou de la charge de travail[57]. La liste des maladies professionnelles est établie par décret, après avis de la Commission nationale d'hygiène et de sécurité du travail. Le lien de causalité entre la maladie et l'activité professionnelle peut être constaté au moyen d'une présomption consignée dans le tableau des maladies professionnelles[58]. En dehors des cas prévus dans le tableau, la loi considère comme maladie professionnelle les cas pour lesquels la Commission aura statué en ce sens[59].

53 M-A. MOUTHIEU, « La protection sociale du sportif salarié en droit camerounais », *Signatures internationales*, Bull n° 4, 2021, p. 83.

54 *Ibid.*, p. 84.

55 *Ibid.*

56 F. MANDIN, « Le traitement juridique du risque sportif : de l'individualisation à la socialisation du risque », *Les Cahiers de droit du sport*, PUAM, 2007, pp. 25-31.

57 Art. 3 (1) Loi n° 77-11 du 13 juillet 1977 portant réparation et prévention des accidents du travail et de maladies professionnelles.

58 Tableau établi par décret pris après avis de la Commission nationale d'hygiène et de sécurité du travail.

59 On peut donc penser à juste titre qu'il appartient à cette Commission d'inscrire les maladies professionnelles liées à la spécificité sportive, aux tableaux officiels au moyen d'un tableau additif. Ce qui permettra qu'elles ouvrent droit à la réparation en faveur des sportifs victimes, à compter du jour où elles ont été reconnues par la

Le Professeur Monique Aimée MOUTHIEU relève une limite de cette construction, notamment son inadaptation à la pratique de l'activité sportive. « *On sait qu'au-delà des séances d'entraînement et des compétitions officielles, la recherche effrénée de la performance sportive amène le sportif à s'entraîner au-delà des heures fixées par les règlements intérieurs des clubs sportifs. Or, pendant que cette pratique est bénéfique pour l'organisateur du spectacle sportif et pour le club sportif, les risques qui peuvent en découler sont entièrement assumés par le sportif en ce qu'ils ne rentrent pas dans la définition classique des risques professionnels* »[60].

Ces errements ont finalement conduit à la mise en place d'un certain nombre de mécanismes spécifiques visant à mieux protéger les sportifs de haut niveau.

II. Les aménagements spécifiques en matière de protection sociale du sportif de haut niveau

Le Cameroun connait des aménagements plus ou moins importants (d'origine législative et/ou réglementaire) qui consistent à reconnaître l'existence d'un service public des sports, et d'en déléguer la gestion au mouvement sportif tout en maintenant un contrôle étatique. Sur le plan législatif, cette conception donne lieu à la construction d'un droit dit du sport, ayant pour objet l'organisation et la promotion des activités physiques et sportives[61]. Il est bien vrai qu'il n'existe pas de dispositions propres au droit du travail du sport et au droit de la sécurité sociale du sport[62]. Le droit commun du travail trouve donc à s'appliquer. Toutefois, même si l'on observe des inadaptations, certains mécanismes de protection sont prévus à travers le dispositif étatique parfaitement intégré dans le mouvement sportif[63]. Ce dispositif donne à constater une certaine protection du sportif de haut niveau au-

Commission nationale d'hygiène et de sécurité au travail. V. M-A. MOUTHIEU, « La protection sociale du sportif salarié en droit camerounais », *op. cit.*, p. 76.

[60] M-A. MOUTHIEU, « La protection sociale du sportif salarié en droit camerounais », *op. cit.*, p. 76 et s.

[61] La loi n° 2018/014 du 11 juillet 2018 portant organisation et promotion des activités physiques et sportives au Cameroun.

[62] L. LEROUGE et F. MANDIN, « Travail et protection sociale au bénéfice du sportif : Étude comparée : France, Italie, Royaume-Uni », *op. cit.*, p. 108.

[63] Il s'agit de la couverture accident de travail et maladies professionnelles et aussi la souscription de la police d'assurance pour les activités sportives ; V. M-A. MOUTHIEU, « La protection sociale du sportif salarié en droit camerounais », *op. cit.*, pp. 69-91.

delà de sa protection observée non seulement pendant sa carrière (A), mais aussi après sa carrière sportive (B).

A. La protection pendant la carrière du sportif de haut niveau

Au-delà de la préparation à l'après-carrière, les pouvoirs publics ont aménagé un cadre visant un objectif primordial qui est celui de poursuivre et d'offrir à la pratique du sport de haut niveau et professionnel des cadres juridiques adaptés. Ainsi, une priorité a été accordée à la protection sociale et financière des athlètes de haut niveau qui pendant leur carrière sportive, représentent le Cameroun au plus haut niveau international. L'élaboration de ces dispositifs de protection à l'égard de ces sportifs durant leur carrière favorise en quelque sorte leur reconversion. Cela passe inéluctablement par la protection et le suivi médico-sportif (1) ; et la souscription d'une police d'assurance couvrant les risques encourus lors des phases de préparation et de participation aux compétitions internationales (2).

1. La protection et le suivi médico-sportif

La protection et le suivi médico-sportif sont assurés par la médecine du sport. Il s'agit d'une spécialisation médicale qui se consacre principalement aux aspects médicaux liés à la pratique sportive. Celle-ci vise à améliorer le bien-être et la santé globale d'un individu pratiquant un sport[64]. Elle permet de diagnostiquer, de reconnaître et de traiter les blessures liées au sport ; et de faire des recommandations pour améliorer les performances physiques. Cependant, la médecine du sport ne se limite pas simplement au diagnostic et au traitement des blessures sportives. Elle prend également en compte la prévention et encourage la pratique sportive, en faisant la promotion du bien-être lié au sport. La médecine du sport peut être appliquée à toutes les formes de pratique d'activités physiques et sportives[65]. Si elle désigne en général l'encadrement médical de la

---

[64] Sur la définition de la médecine du sport, https://www.evolutionphysio.com, consulté le 05/06/2023 à 13 h 20.

[65] V., H. NIELENS, « La médecine du sport, pour qui, pour quoi ? », *in* XXIIIe journée de cardiologie, Cardiologie et Sport, p. 453 ; V., aussi l'art. 2 (4) de la loi

pratique du sport[66], elle peut particulièrement désigner l'encadrement médical de la pratique des activités physiques et sportives comme prestation de travail. Dans ce cas, on parle de médecine du travail sportif[67].

Cependant, la définition de la médecine du sport n'est pas pour certains auteurs assimilables à la médecine du travail[68] qui relève du Code du travail. Cela fait en sorte que les sportifs sont confrontés à différents types de suivi médical ; car la médecine du sport est chargée principalement de donner des soins aux sportifs, et éventuellement la médecine fédérale s'agissant des sportifs de haut niveau[69] qui peuvent être salariés de clubs par ailleurs. Sous cet aspect, nous pouvons dès lors nous interroger sur ces deux types de suivi médical : la médecine du travail, exercée dans une perspective généraliste, est-elle appropriée au secteur du sport professionnel et combine-t-elle opportunément avec la médecine sportive ?

Pour répondre, il faut reconnaître sur ce point qu'il a été effectivement constaté la relative inadaptation de la prestation des services de la médecine du travail au cas particulier des sportifs de manière générale. Plus exactement, il a été pointé l'absence de réactivité des services de médecine du travail (au regard notamment des urgences liées à l'embauche des sportifs) qui relève d'un défaut d'organisation de l'association gérant la médecine du travail, mais aussi d'un manque de connaissance des conditions d'exercice de ce métier. Ce qui rend le

---

n° 2018/014 du 11 juillet 2018 portant organisation et promotion des activités physiques et sportives au Cameroun qui prévoit la médecine du sport pour la pratique du sport, V. M-A. MOUTHIEU, « La protection sociale du sportif salarié en droit camerounais », *op. cit.*, p. 87.

66 D. BARRAULT, « La médecine du sport », *Actualité et dossier en santé publique*, n° 14, mars 1996, p. 9. V., M-A. MOUTHIEU, « La protection sociale du sportif salarié en droit camerounais », *op. cit.*, p. 87.

67 *Ibid.*

68 L. LEROUGE et F. MANDIN, « Travail et protection sociale au bénéfice du sportif : Étude comparée : France, Italie, Royaume-Uni », *op. cit.*, p. 95.

69 Il est à préciser que la question de la surveillance médicale des sportifs de haut niveau n'est pas perçue de la même manière que les sportifs professionnels qui peuvent, dans le cadre de leur contrat de travail, bénéficier de la médecine du travail.

suivi assez largement inefficace[70]. Pour ces principales raisons, et dans le but d'optimiser la surveillance médicale des sportifs professionnels, il faudrait inciter au développement de compétences spécifiques de la médecine du travail au domaine du sport de haut niveau[71]. Ainsi, cette solution permettrait de mieux suivre les sportifs de haut niveau.

La médecine du sport intervenant dans le suivi médico-sportif n'est pas le seul mécanisme de protection au bénéfice du sportif. L'obligation de la souscription d'une police d'assurance est également un dispositif important.

2. La souscription d'une police d'assurance au bénéfice des sportifs de haut niveau

Bien que la loi n° 2018/014 du 11 juillet 2018 portant organisation et promotion des activités physiques et sportives fasse porter à l'État et aux fédérations sportives la charge de vérifier que les sportifs de haut niveau bénéficient d'un régime de protection sociale couvrant l'ensemble des risques liés à leurs activités sportives[72], il est de constat commun que ces derniers ne sont qu'imparfaitement prémunis contre les risques sociaux (chômage, vieillesse, maternité[73], invalidité et

---

[70] L. LEROUGE et F. MANDIN, « Travail et protection sociale au bénéfice du sportif : Étude comparée : France, Italie, Royaume-Uni », *op. cit.*, p. 95.

[71] C'est l'exemple de l'art. L. 231-1 du Code du sport français, qui dispose notamment que les médecins du travail « contribuent, en liaison avec les médecins spécialisés, aux actions de prévention concernant la pratique des activités physiques et sportives grâce à une formation initiale nécessaire à la pratique des examens médico-sportifs, contenue dans le deuxième cycle des études médicales et grâce à une formation continue adaptée ». art. L. 632-1-1 du code de l'éducation, qui contenait également cette exigence, a été abrogé par la loi n° 2009-879 du 21 juillet 2009 portant réforme de l'hôpital et relative aux patients, à la santé et aux territoires.

[72] Art. 22 de la loi n° 2018/014 du 11 juillet 2018 portant organisation et promotion des activités physiques et sportives au Cameroun.

[73] La promotion du sport de haut niveau est régie par les textes réglementaires, conformément à l'article 23 al. 2 de la loi de 2018. Celle-ci ne prend pas en compte la couverture des risques familiaux pour le sport de haut niveau. G. CORNU, Vocabulaire juridique de l'association Henri Capitant, Paris, PUF, 12e édition, 2018, p. 1679. C. MAITRE, S.CHA, P. BILLARD, J-F. TOUSSAINT, L. ANHOURY-SZIGETY, C. DESHAYES, A-L. MORIGNY, F. BURLOT, H. JONCHERAY, A. MEIGNE et al., *Sport de haut niveau et maternité, c'est possible !* Guide dédié à la maternité des sportives de haut niveau et adressé au Ministère des sports français, 2022, p. 10. V., le Régime camerounais de la sécurité sociale, Voir, décret N° https://www.cleiss.fr, consulté le 24 mai 2023 à 9 h 17.

décès[74]). Voilà pourquoi, en raison des risques spécifiques liés à la pratique du sport et au-delà de la théorie de l'acceptation des risques sportifs[75], le législateur a imposé à travers l'article 46 (n) de la loi de 2018 une obligation d'assurance.

Cette assurance, qui revêt un caractère obligatoire, contribue au renforcement de l'indemnisation en cas d'accident sportif[76]. Toutefois, cette obligation d'assurance, « *suffisamment vague présente l'inconvénient de rendre difficile toute tentative de détermination de l'étendue de l'assurance à souscrire obligatoirement. En effet, les risques sportifs sont variés et peuvent intervenir à divers lieux, tantôt lors des manifestations sportives organisées par les fédérations, tantôt lors des entraînements à titre personnel en vue de la performance sportive à mettre à la disposition des clubs sportifs* »[77]. Ceci laisse apparaitre la question de l'efficacité de cette assurance[78].

Sans doute, la définition des risques professionnels devrait permettre de cerner l'étendue des risques pris en charge. Cela peut s'observer à travers la lecture de la convention de partenariat portant extension de la couverture sociale aux métiers du football, tel que l'a analysé le Professeur MOUTHIEU. Une telle approche permettrait de déboucher sur la possibilité de prendre en charge les risques liés à la participation aux différentes compétitions officielles régulièrement organisées par une fédération sportive nationale ; tant en période de compétition qu'en période d'entraînements[79]. Il serait louable d'étendre l'assurance des groupements sportifs en prévoyant des dispositifs de

---

74 V. l'audition de R. LAFORE, co-auteur de Droit de la sécurité sociale, Dalloz, coll. Précis, 17e éd., 2011, cité par L. LEROUGE et F. MANDIN, « Travail et protection sociale au bénéfice du sportif : Étude comparée : France, Italie, Royaume-Uni », *op. cit.*, p. 57.

75 F. MANDIN, « Le traitement juridique du risque sportif : de l'individualisation à la socialisation du risque », *Cahier de droit du sport*, Presses Universitaires d'Aix-Marseille, 2007, pp. 27.

76 P. VONDOU, « Le renforcement du système d'indemnisation des victimes d'accidents sportifs en droit camerounais », Revue camerounaise de droit du sport, vol.1, n° 001, juillet-décembre 2020, pp. 135-163.

77 M-A. MOUTHIEU, « La protection sociale du sportif salarié en droit camerounais », *op. cit.*, p. 84.

78 Art. 100 de la loi n° 2018/014 du 11 juillet 2018 portant organisation et promotion des activités physiques et sportives.

79 Art. 4-5 de ladite convention de partenariat portant extension de la couverture sociale aux métiers du football.

couverture accidents du travail — maladies professionnelles pour les sportifs de haut niveau ; avec une assurance individuelle — accident. Chose qui permettrait de mieux protéger ces sportifs.

B. La protection du sportif de haut niveau après sa carrière

Les sportifs de haut niveau ont une durée limitée dans la pratique du sport. Ce qui contraint la majorité d'entre eux à une insertion professionnelle tardive. Si les questions liées à leur formation et leur reconversion sont une préoccupation des instances sportives, un nombre considérable de sportifs n'envisage que trop tardivement la nécessité de bâtir un « *second* » projet en parallèle de leur carrière ; et éprouve parfois des difficultés certaines à s'insérer tant socialement que professionnellement au moment de la retraite sportive[80]. Les dispositifs d'accompagnement socioprofessionnel (1) sont perçus comme une priorité pour les sportifs. Il est donc important de renforcer la coordination et l'efficacité d'autres réseaux et des dispositifs d'accompagnement[81] ; outre les aides financières et les dons divers dont bénéficient les sportifs de haut niveau (2).

1. L'accompagnement socioprofessionnel des sportifs de haut niveau

Si l'on peut admettre que les mesures d'accompagnement et la diversité des acteurs engagés dans le suivi socioprofessionnel des sportifs de haut niveau sont perceptible[82] s, il faut déplorer la rareté du personnel qualifié et formé sur ces questions au sein des clubs et fédérations[83] ; mais aussi l'inaboutie coordination des acteurs impliqués. L'accompagnement socioprofessionnel vise la reconversion des sportifs. La reconversion correspond à la fin de la carrière sportive, et à la réalisation d'une autre carrière professionnelle. Elle revêt des

---

[80] L. LEROUGE et F. MANDIN, « Travail et protection sociale au bénéfice du sportif : Étude comparée : France, Italie, Royaume-Uni », *op. cit.*, p. 11.

[81] R. MONNEREAU, « L'évaluation de la mise en œuvre du double projet des sportifs de haut niveau et des sportifs en centres de formation des clubs », déc. 2013 ; Cour des comptes, Sport pour tous et sport de haut niveau : pour une réorientation de l'action de l'État, janv. 2013 ; Commission européenne, Lignes directrices de l'UE concernant la double carrière des athlètes, 2013.

[82] Art. 26 al. 1 et 2 de la loi de 2018/014 du 11 juillet portant organisation et promotion des activités physiques et sportives au Cameroun.

[83] Art. 25 al. 1, 2 et 3 de la loi susmentionnée.

réalités très différentes pour les sportifs. En effet, le mot reconversion vient du latin *re* signifiant « *mouvement en sens contraire* », et *convertere* qui veut dire « *tourner, changer entièrement* »[84]. Il s'agit donc de changer de voie, de faire autre chose après une carrière sportive. Or si cela revêt une réalité pour les sportifs professionnels, les sportifs de haut niveau (majoritaires) ne sont pas concernés de la même façon ; car la vie professionnelle et la carrière sportive de ces derniers sont vécues de façon concomitante. N'étant pas rémunérés de façon régulière pour exercer leur sport, les sportifs non professionnels ne vivent pas la fin de leur carrière sportive de la même façon que les professionnels. C'est pourquoi certains auteurs parlent de trajectoire[85], pour désigner le *« chemin parcouru »*.

La carrière d'un sportif de haut niveau, quelle que soit sa discipline, dépend du contexte dans lequel il se trouve ; et ce contexte est lié à la discipline pratiquée. Ainsi, sa prise en charge est fonction des moyens financiers des fédérations sportives. Par conséquent, quand le joueur ne peut plus pratiquer son sport pour diverses raisons, il est plus ou moins apte ou prêt à vivre une carrière professionnelle non sportive en fonction de ce contexte[86]. En ce sens, un footballeur pris en charge dès l'enseignement secondaire par un centre de formation, et évoluant pendant des années dans un club lui permettant de vivre de son sport, ne sera pas préparé de la même façon à la fin de sa carrière sportive qu'un autre sportif qui devra nécessairement avoir une carrière professionnelle non sportive en parallèle de ses performances.

C'est pourquoi le contexte sportif institutionnel est important pour comprendre les différences de trajectoires possibles à la fin de la carrière sportive. Mais il n'y a pas uniquement l'origine socio-

---

[84] A. REY, Dictionnaire historique de la langue française, tome 1, Paris, Le Robert, 2000, p. 882.

[85] Selon l'enquête réalisée en 2018 par N. LELIEVRE, les éléments influençant directement ou indirectement la transition professionnelle des sportifs de haut niveau et des sportifs professionnels — afin d'identifier une approche de leur accompagnement — ont été axés sur le concept de trajectoire, plutôt que sur celui de la reconversion, V. B. MONEUSE, *La reconversion des sportifs de haut niveau et/ou professionnels ou comment vivre des trajectoires solidaires*, Rapport d'enquête sur les sportifs de haut niveau en France, 2019, p. 6, voir en ligne, https://ween-hub.org, consulté le 12/06/2023 à 10 h 3.

[86] B. MONEUSE, *La reconversion des sportifs de haut niveau et/ou professionnels ou comment vivre des trajectoires solidaires*, *op. cit.*, p. 6.

économique et culturelle du sportif à prendre en compte. La famille de celui-ci, sa santé (en particulier les blessures), sa situation économique, son club ainsi que l'entraîneur sont autant d'éléments à prendre en compte pour comprendre les évolutions des sportifs de haut niveau[87].

Cette reconversion est considérée comme un « *point crucial pour la réussite d'une transition de carrière* », tant sur les plans psychologique que professionnel. La question du double projet des sportifs évoqué par R. BOBIN semble avoir acquis un caractère prioritaire au niveau politique[88]. En ce sens, c'est parce que l'avenir des anciennes gloires sportives devient une problématique de premier plan que le contexte sportif institutionnel, à travers le rôle des fédérations sportives ou des clubs, a mis l'accent sur l'article 25 alinéas 1 et 2 de la loi n° 2018/014 du 11 juillet 2018 portant organisation et promotion des activités physiques et sportives ; en disposant respectivement en ces termes que « *l'éducation, la formation et le perfectionnement des sportifs de haut niveau sont assurés* », « *l'État veille à la création des établissements mentionnés ci-dessus en relation avec les fédérations sportives concernées et les clubs sportifs* ». Il s'agit là des mesures prises pour envisager la reconversion des sportifs.

Une autre mesure dépend du contexte personnel du sportif, qui est en quelque sorte la clé essentielle à l'analyse de sa reconversion. Ce contexte peut être entendu comme, le déroulement de la carrière sportive, la réussite scolaire ; mais aussi les opportunités professionnelles, la présence et le soutien de la famille bien sûr, le milieu socio-économique en outre[89]. Bref, autant d'éléments qui expliquent la reconversion des sportifs, ainsi que leur capacité à gérer ou non la fin de la pratique sportive de haut niveau et à passer à autre chose. Ce qui ne les dispense pas de bénéficier d'autres aides financières.

---

87 *Ibid.*

88 R. BOBIN, « Le plan de carrière des sportifs, pourquoi ? Comment ? » *in Le spectacle sportif*, V. L. LEROUGE et F. MANDIN, « Travail et protection sociale au bénéfice du sportif : Étude comparée : France, Italie, Royaume-Uni », *op. cit.*, p. 12.

89 B. MONEUSE, *La reconversion des sportifs de haut niveau et/ou professionnels ou comment vivre des trajectoires solidaires*, *op. cit.*, p. 7.

2. Les aides et dons divers octroyés aux sportifs de haut niveau

Il est d'usage que le sportif de haut niveau se tourne vers certaines personnes pour solliciter un accompagnement pour son insertion professionnelle. De ce fait, la fédération sportive, en vertu du lien qui l'unit à ses athlètes, peut être l'interlocuteur de la majorité d'entre eux en matière de suivi socioprofessionnel. Si plusieurs d'entre elles développent des cellules d'accompagnement de qualité dans ce domaine[90], force est de constater que le manque de moyens humains et financiers en contraint d'autres à ne pas pouvoir offrir un accompagnement d'une qualité suffisante[91]. En France par exemple, le ministère des Sports impose actuellement aux fédérations sportives qu'elles désignent formellement un responsable dit « *référent* » en matière de suivi socioprofessionnel[92]. Il existe ici, outre des réseaux ou des agences d'accompagnement souvent créées à l'initiative d'anciens sportifs, des agences dites « *passerelles* » ; dont le rôle est de mettre en relation les sportifs avec des employeurs ou des instituts de formation[93].

Au Cameroun, bien que la loi consacre des mesures d'accompagnement à travers les formations des sportifs dans les fédérations sportives et dans les clubs, ceux-ci n'ont pas suffisamment des moyens pour assurer un accompagnement efficace. Il y a quand

---

90 La fédération peut accompagner les sportifs de haut niveau en facilitant leur reconversion, soit comme entraîneur, soit comme arbitres ; ou encore en les permettant de remplir une autre fonction toujours dans le domaine du sport. En guise de comparaison, il existe en France des Centres de Ressources, d'Expertise et de Performance Sportives (ou CREPS) qui sont des établissements publics nationaux, à caractère administratif ; placés sous la tutelle du ministère des Sports. Ils participent à la formation d'animateurs et d'agents publics, ainsi qu'à l'entraînement et à l'accompagnement de sportifs de haut niveau. V., rapport de KARAQUILLO sur le suivi socioprofessionnel des sportifs de haut niveau, B. MONEUSE, *La reconversion des sportifs de haut niveau et/ou professionnels ou comment vivre des trajectoires solidaires*, Rapport d'enquête sur les sportifs de haut niveau en France, 2019, p. 14 ; L. LEROUGE et F. MANDIN, « Travail et protection sociale au bénéfice du sportif : Étude comparée : France, Italie, Royaume-Uni », op. cit., p. 44.

91 L. LEROUGE et F. MANDIN, « Travail et protection sociale au bénéfice du sportif : Étude comparée : France, Italie, Royaume-Uni », *op. cit.*, p. 44.

92 Loi n° 2015-1541 du 27 novembre 2015 visant à protéger les sportifs de haut niveau et professionnels et à sécuriser leur situation juridique et sociale ; V., préconisation n° 16 sur L. LEROUGE et F. MANDIN, « Travail et protection sociale au bénéfice du sportif : Étude comparée : France, Italie, Royaume-Uni », *op. cit.*, p. 45.

93 *Ibid.*

même des réalités qu'on ne saurait ignorer ; notamment les dons octroyés à certains sportifs de haut niveau, tels que les anciennes gloires de la coupe du monde de football de 1990. Arrivés jusqu'en quart de finale, des villas avaient été promises aux joueurs. Et ceux-ci ont bénéficié finalement de 22 logements en guise de reconnaissance de la Nation. Il s'agit bien d'une sorte d'accompagnement de ces anciens héros. On peut également citer l'accompagnement du Chef de l'État d'une prime spéciale et d'un véhicule à Françoise MBANGO[94] pour ses prouesses aux Jeux olympiques de 2004 et de 2008.

Au regard de ces quelques exemples de mesures d'accompagnements, on peut penser que la pluralité des actions menées en faveur des sportifs par le ministère des Sports et de l'Éducation physique, le Comité National Olympique et Sportif Camerounais, les fédérations sportives, les clubs et les collectivités territoriales suffit à combler les besoins de l'ensemble des athlètes qui émettent le souhait d'être accompagnés dans leurs démarches extrasportives. Pour autant, la multiplicité des dispositifs de suivi cache le problème du manque de lisibilité globale du système de prise en charge de l'athlète. Le manque de concertation sur cette situation entrave la bonne orientation des sportifs vers les cibles les plus enclins à répondre à leurs demandes. C'est pourquoi Jean Pierre KARAQUILLO pense que « *la diversité des acteurs et des dispositifs existant actuellement dans le domaine du suivi socioprofessionnel est à l'origine même d'une certaine confusion parfois handicapante pour le sportif* »[95]. Pour preuve, les dispositifs d'accompagnement mis en place par la loi n° 2018/014 du 11 juillet 2018 portant organisation et promotion des activités physiques et sportives n'ont pas profité aux sportifs de haut niveau. Toutefois, des prises de conscience doivent être faites, pour une vraie dynamique de prise en charge de ces sportifs[96].

Ainsi, si tous les moyens matériels mis à disposition des sportifs peuvent être utilisés pour leur transition professionnelle, cela peut être

---

[94] V. Cameroun Tribune, article de A. FOGANG sur Françoise MBANGO, en ligne, www.cameroon-info.net, consulté le 15/06/2023 à 12 h 32.

[95] J-P. KARAQUILLO, « Statuts des sportifs », *Droit et économie du sport*, 2015, p. 49.

[96] V. DALMASSE, B. GUILLOT, C. HERRMAN et C. MATHIVET, Sportifs de haut niveau... Et après ? La reconversion professionnelle des sportifs de haut niveau, *op. cit.*, p. 20.

doublé d'une autre forme d'accompagnement spécifique pour passer le cap difficile et très spécifique d'une fin de carrière. Car, si toute reconversion implique une certaine difficulté pour pouvoir passer à autre chose, la «*petite mort*» dont parlent les sportifs eux-mêmes — et particulièrement les anciens sportifs qui ont vécu cela de manière cruciale — est à prendre très au sérieux. Il faut aussi prendre en compte l'accompagnement psychologique qui a un rôle à jouer dans cette reconversion. Les anciens sportifs, témoins des difficultés vécues, peuvent contribuer dans ce sens ; en sensibilisant les plus jeunes qui commencent à envisager leur insertion professionnelle.

Conclusion

Il ne fait pas de doute que le droit social se nourrit des pratiques et règles professionnelles. Le particularisme des relations de travail dans le sport en est une claire expression. À travers les contrats de travail conclus dans ce domaine, on peut mesurer l'ampleur des interactions entre les règles de droit commun et celle du droit spécial. Dans cette analyse, nous avons relevé que si le sportif professionnel bénéficie de la protection sociale au titre du régime général du droit commun du travail, du fait du contrat qui le lie avec son club, le sportif de haut niveau n'est pas forcément dans cette situation ; surtout lorsqu'on envisage sa protection sociale. Il n'est en effet pas évident pour celui-ci de bénéficier d'une couverture sociale adaptée à l'activité dont il tire pourtant l'essentiel de ses revenus. Pour le comprendre, nous avons interrogé le système juridique lié à la protection de cette catégorie de sportifs. Il en ressort que des incertitudes et des inadaptations sont observées au niveau des mécanismes de protection législatifs et réglementaires.

C'est pourquoi la présente étude relève une certaine inadéquation de la protection sociale du sportif de haut niveau au titre du régime général du droit du travail, dû au fait que ces sportifs n'ont pas de statut de travailleurs ; et par conséquent, ceux-ci éprouvent des difficultés dans leur prise en charge. Toutefois, des avancées perceptibles sont observées au niveau des aménagements spécifiques. Notamment avec la loi n° 2018/014 du 11 juillet 2018 portant organisation et promotion des activités physiques et sportives qui consacre non seulement la souscription de l'assurance de la protection et du suivi médico-sportif dont peuvent en bénéficier les sportifs de haut niveau ; mais aussi d'un accompagnement professionnel dans les formations scolaires et universitaires, et aussi d'autres formes d'accompagnement au niveau des fédérations sportives et des clubs sportifs. De telles mesures d'accompagnement ne sont pas souvent évidentes dans un contexte de crise économique. Mais elles permettent de poser les jalons d'une construction de la couverture sociale efficace au bénéfice des sportifs de haut niveau.

MISCELLANÉES

DISPOSITIONS EN FAVEUR DE L'EQUITE ET PLAFOND DE VERRE A LA TETE DES FEDERATIONS SPORTIVES CIVILES NATIONALES AU CAMEROUN : *REGARDS CROISES SUR LES CANDIDATURES FEMININES A LA PRESIDENCE DE LA FECAKARATE*[1] *ET DE LA FECANANBUDO*[2]

Par

Rodrigue Vivien EKONO
Ph.D. en Éducation spécialisée
ekonorodrigue@gmail.com
et
Gustave Georges MBOE
Ph. D. en Psychologie des organisations URPHISSA/FLSH/
Maître de Conférences Université de Dschang
Président de la Société Camerounaise de Psychologie
mboegustavegeorges@gmail.com

Résumé

En vue de vulgariser la dynamique de développement durable au sein des organisations sportives, il est nécessaire pour les acteurs de ces systèmes d'appliquer les dispositions réglementaires en faveur de l'équité. Cela contribue à l'émergence des candidatures féminines aux postes de décision, notamment la conquête de la présidence des exécutifs fédéraux par les femmes. Cependant, des barrières sont encore perceptibles et semblent maintenir le plafond de verre à cette haute fonction pour la gent féminine. C'est l'objectif que veut atteindre cette étude, afin de résoudre le problème d'inégalité de genres dans l'acceptation des actes de candidatures féminines à la présidence des fédérations sportives civiles nationales au Cameroun. Et cela passe par le décryptage des informations des candidatures féminines à la présidence de la FECAKARATE et la FECANANBUDO.

Mots-clés : fédérations, dispositions, équité, femmes, Cameroun.

---

[1] Fédération camerounaise de Karaté.
[2] Fédération camerounaise de Nanbudo.

Abstract

In order to popularise the sustainable development dynamic within sports organisations, it is necessary for the players of these systems to apply regulatory provisions in favour of equity. This contributes to the emergence of female candidates for decision-making positions, in particular the conquest of chairmanship of federal executives by women. However, barriers are still perceptible and seem to maintain the glass ceiling for women in this high position. The aim of this study is to resolve the problem of gender inequality in the acceptance of female candidates for the presidency of national civil sports federations in Cameroon. And this involves deciphering information from female candidates for the presidency of FECAKARATE and FECANANBUDO.

Keywords: federations, provisions, equity, women, Cameroon.

Introduction

L'égalité de genre est un impératif social qui intègre les mêmes opportunités pour tous les êtres humains ; en fonction du service qu'un individu pourrait rendre pour le développement de son environnement ambiant. Ce concept impose la volonté individuelle de participation sociale ; indépendamment des différences de statuts autres que la capacité à effectuer une tâche, ou alors des dispositions cognitives adéquates au service de la communauté[3]. L'égalité de genre tient compte des atouts naturels, en rejetant toute forme d'exclusion liée au sexe. De ce fait, la qualité intrinsèque de chaque personne est particulièrement apprivoisée ; conduisant au respect du principe commun de justice naturelle, et donc de l'impartialité qui en découle naturellement : c'est la manifestation de l'équité, perçue comme un élan social conséquent.

Les problématiques relevant du genre traitent entre autres approches de l'égalité et de l'équité entre les hommes et les femmes. Ces valeurs ont pris leur essence depuis la Déclaration universelle des droits de l'Homme (1948) ; qui justifie les droits communs aux individus[4]. Ces principes mondiaux de cohésion sociale seront redéfinis plus clairement à travers les Objectifs de développement durable (ODD) énoncés en 2015[5]. Précisément l'ODD N° 5 qui donne un accent particulier sur l'égalité entre les sexes ; en précisant qu'il ne s'agit pas juste d'un droit fondamental de l'humain, «… mais aussi un fondement nécessaire pour l'instauration d'un monde pacifique, prospère et durable.»[6]. Suivant l'idée partagée dans les

---

[3] Maréchal Pétain dans son message au peuple français du 11 octobre 1940, souligne que l'environnement contemporain repose « …sur l'idée nécessaire de l'égalité des chances… » ; afin que tous les individus soient en mesure « … de prouver leur aptitude à servir ».

[4] La disposition de l'article premier confère la liberté, l'égalité et le droit à tous les Hommes. Il est également mentionné que les humains sont dotés de raison et de conscience de mener une action, en vue de la cohésion sociale.

[5] Les ODD répondent aux défis auxquels les populations sont confrontées. Dans le cas de notre présente étude, il s'agira surtout de considérer les défis liés à l'inégalité de genre et la justice entre les êtres humains

[6] Extrait de la présentation de l'ODD N° 5 dans l'Agenda 2030 ; et dans la fenêtre sur la question du site des Nations Unies (NU), www.un.orgconsulté le dimanche 7 janvier 2024 à 14h40.

travaux d'Oloa Ndi en 2020[7], cet objectif implique *ipso facto* un essor de l'implication volontaire de la femme dans les actes de leadership des organisations au même titre que les hommes ; et ceci, tant que celles- ci se sentent capables. En vue du développement et du fonctionnement de plusieurs ensembles sociaux, cette implication ne peut pas se réaliser sans la manifestation de l'exercice électoral conduisant au renouvellement des postes des bureaux exécutifs au sein des organisations ; particulièrement celui de la présidence.

Les organisations pour lesquelles nous posons des jalons de réflexion sur l'équité et le plafond de verre sont les fédérations sportives civiles nationales (FSCN) au Cameroun. En effet — et selon le dernier annuaire statistique du ministère des Sports et de l'Éducation physique publié en 2021 —, ces dernières représentent des regroupements nationaux « … de plusieurs associations sportives, sociétés sportives et licenciés d'une ou de plusieurs disciplines sportives ». Les recherches de Mboe (2018) précisent que les travaux sur le phénomène de plafond de verre pour la femme dans l'environnement organisationnel camerounais sont très peu fournis[8]; particulièrement dans l'exercice du management au sein des FSCN octroyé par le biais du suffrage universel, qui conduit à l'établissement d'un comité exécutif (COMEX).

Dans son étude portant sur la place des femmes dans l'univers sportif camerounais, Manirakiza (2010) souligne que l'institution sportive dans le pays est «… le bastion de la masculinité, un lieu où se créent, se dramatisent et se naturalisent les rapports de force, de hiérarchisation et de relégation de genre…»[9]. Cette assertion laisse

---

[7] **Femmes, leadership et développement au Cameroun : Images, perceptions et réalités**. Titre du Mémoire de Maîtrise de Caroline Armelle Oloa Ndi, présenté à la Faculté des études supérieures et postdoctorales en réponse partielle aux exigences de la Maîtrise en Mondialisation et Développement International à l'Université d'Ottawa. Mémoire soutenu en décembre 2020.

[8] Mboe Gustave Georges a rédigé un article intitulé **Discrimination à l'égard de la femme dans les organisations camerounaises : Le phénomène du plafond de verre** ; in Cahiers de l'IREAN°24-2018, Psychologie et Santé, pp.85-125. Dans l'étude, l'auteur fait une analyse des éléments qui pourraient justifier l'exclusion de la femme dans le leadership organisationnel au Cameroun. Entre autres organisations, il évoque la situation en milieu sportif du pays ; notamment le nombre de femmes présidentes de fédérations sportives, et présidente de clubs de ports.

[9] Désiré Manirakiza (2010). **Femmes et sport au Cameroun : une conquête**

transparaitre l'existence de certains préjugés et stéréotypes sexistes, concourant à limiter les élans volontaires des femmes dans la dynamique de la sphère sportive nationale ; comme entre autres briguer à la tête des exécutifs au sein des FSCN. La loi de 2018[10] agissant ici comme la boussole d'orientation nationale des activités physiques et sportives au Cameroun, ne donne aucune disposition interdisant la candidature d'une quelconque personne à la présidence d'une telle organisation sportive nationale. Cependant, la nuance apportée n'enlève en rien l'acte de candidature de tout citoyen, quel que soit son sexe[11]. Pourtant, les travaux de Wassouo (2017) relèvent la faiblesse de la présence des femmes dans l'exercice démocratique au Cameroun. Alors que « … la participation des femmes aux instances de décisions est un élément important d'évaluation du niveau de démocratie et de développement. » (Wassouo,2017) ; se référant ainsi aux principes mondiaux sur le phénomène, qui devrait s'appliquer dans toute forme d'organisation comme les FSCN.

Le dernier processus de renouvellement des COMEX dans les instances faîtières des disciplines sportives au Cameroun — qui s'est tenu entre la fin de l'année 2022 et le début de l'année 2023— a révélé une réalité qui peut expliquer la difficulté pour la femme de briguer le poste de présidence de ces organisations nationales de sport. Le bilan général de ces consultations électorales aura livré juste quatre (4) femmes élues à la tête d'une FSCN[12] ; plus une (1) femme désignée juste après par l'assemblée générale extraordinaire du COMEX de la

---

inachevée. Cette étude est le sixième chapitre de l'ouvrage collectif intitulé **Genre et sport en Afrique Entre pratiques et politiques publiques**, et dirigé par Monia Lachheb. Cet ensemble d'études a été mis sur pied pour le compte du Conseil pour le développement de la recherche en sciences sociales en Afrique.

[10]Il s'agit de la loi N° 2018/014 du 11 juillet 2018 portant organisation et promotion des activités physiques et sportives au Cameroun.

[11]Ibid. La disposition du premier paragraphe de l'article 45 de la loi susmentionnée présente juste l'incompatibilité entre les fonctions de président d'une fédération sportive civile, et celles de président d'un club relevant de cette fédération.

[12] Les fédérations sportives civiles nationales ayant une femme élue au poste de président à l'issue des dernières consultations électorales sont les suivantes : la fédération camerounaise de gymnastique ; la fédération camerounaise de badminton ; la fédération camerounaise de patins à roulettes ; et la fédération camerounaise de Nanbudo. Source : Direction des Normes et du Suivi des Organisations Sportives (DNSOS) — MINSEP.

fédération concernée[13]. Ce qui fait un total de cinq (5) femmes, chacune étant présidente d'une telle organisation sportive sur un total de cinquante-et-une (51) fédérations sportives civiles recensées actuellement[14]; soit un pourcentage bas de 9,80%. Une réalité qui peut clairement justifier *l'inégalité de genre dans l'acceptation des actes de candidatures féminines à la présidence des fédérations sportives civiles nationales au Cameroun.* De cette situation, nous nous posons la question suivante : *comment se justifie le maintien du plafond de verre au poste de président de fédérations sportives pour les femmes, alors que les dispositions juridiques n'empêchent pas fondamentalement celles-ci d'assurer cette fonction ?*

Identifier les raisons justifiant l'accès difficile des femmes à la tête des FSCN est l'objectif à atteindre dans cette étude. Pour ce faire, nous poserons un regard sur les préliminaires des dernières consultations électorales au sein de deux (2) fédérations de sport de combat : la FECANANBUDO qui a vu la victoire et l'accession d'une femme au poste de président ; et la FECAKARATE qui a plutôt vu l'échec d'une autre. Un travail en amont est donc de mise, pour peut-être revoir l'approche juridique qui devrait clairement donner une légitimité précise aux candidatures féminines ; et de ce fait, justifier l'équité et la justice dans l'exercice du leadership au sein de ces organisations sportives au Cameroun.

---

[13] La présidente actuelle de la fédération camerounaise de golf a été désignée par l'assemblée générale du COMEX pour gérer les affaires de ladite organisation, en attendant la prochaine consultation électorale. Il faut noter que cette désignation intervient après l'évincement du président régulièrement élu par l'assemblée générale, à la suite de certains désagréments enregistrés en état. Source : DNSOS - MINSEP.

[14] Considérant les détails donnés dans le dernier annuaire statistique du MINSEP (2021) et les informations venant de la DNSOS dudit ministère, le Cameroun compte 54 fédérations sportives civiles nationales : 23 fédérations olympiques et 24 fédérations non olympiques ; 3 fédérations paralympiques et 1fédération non paralympique ; et 3fédérations des sports scolaires et universitaires qui n'ont pas été prises en compte dans cette étude. Raison pour laquelle nous avons considéré 51 fédérations sportives civiles. Toutefois, on dénombre des fédérations qui sont restées éligibles à toutes les compétitions internationales, depuis les restrictions mondiales en riposte à la récente pandémie sanitaire ; soit 37 fédérations sportives civiles nationales.

1. Égalité et équité dans l'organisation mondiale du sport : position du législateur

Les différents secteurs des sociétés dans le monde sont sommés par les Nations unies (NU) de considérer les principes d'inclusion sociale dans leur développement et leur organisation. Cette prescription mondiale est assise sur l'ODD N° 5, qui prône l'égalité entre les sexes ; en vue de la paix dans le monde, ainsi que la prospérité et la pérennité. L'Agenda 2030 (2015) relève à travers cet objectif les progrès en termes d'autonomisation de la femme. Le portail en ligne des NU présente cet état en précisant l'augmentation de l'occupation des femmes dans les postes de gestion ; l'une des conséquences directes des réformes juridiques, « … afin de faire progresser l'égalité des sexes. ». Pour y arriver, il est nécessaire d'appliquer une éducation de masse sur les principes de l'inclusion des genres dans les organisations sociales.

Cependant, des zones de défaillance restent palpables, et maintiennent de ce fait le plafond de verre aux femmes dans la capacité à gérer les organisations dans le monde[15]. C'est l'idée générale que partage Smith dans ses travaux en 2022[16]. Ainsi, quand les efforts qui visent à renforcer l'égalité des sexes ou à mettre en œuvre l'agenda pour les femmes, la paix et la sécurité dans les opérations de paix ne sont pas soutenus au plus haut niveau, ils échouent systématiquement. Dans le pire des cas, les équipes dirigeantes reproduisent inconsciemment des modèles culturels propres aux institutions qui marginalisent les préoccupations relatives à l'égalité des genres. Un leadership qui tient compte des questions de genre est donc essentiel aux efforts de l'ONU pour promouvoir l'égalité des sexes dans ses missions de maintien de la paix et dans les pays où l'Organisation intervient. (Smith, 2022).

---

[15]Selon la présentation de l'ODDN° 5 dans le site internet des NU consulté le dimanche 7 janvier 2024 à13h15, de nombreux défis restent à relever pour parvenir à une complète égalité des genres dans les organisations mondiales. L'omniprésence des lois et des normes sociales discriminatoires est présentée particulièrement. Par la suite sera déclaré le poids de la récente pandémie sanitaire, qui favorise l'inégalité et le manque d'équité dans les structures sociales.

[16] En 2022, Sarah Smith a rédigé un article intitulé **Un leadership qui tient compte des questions de genre dans les opérations de paix des Nations Unies ouvre-t-il vraiment la voie au changement ?** ; pour le compte de l'Institut international de la Paix — International Peace Institute (IPI).

Les propos de l'auteure précédemment citée font un bilan sur la législation internationale de base en faveur de l'égalité des sexes et l'équité. En Effet, la promotion de l'égalité des sexes et l'intégration d'une perspective de genre dans les opérations de paix sont le résultat de décennies d'activisme et de volonté politique[17].

La Convention sur l'élimination de toutes les formes de discrimination à l'égard des femmes (CEDEF) de 1979 et le Programme d'action de Beijing de 1995 ont affirmé très tôt que l'égalité femmes-hommes, ainsi que la prise en compte des questions de genre sont essentielles à une paix durable. On retrouve ce postulat dans les dix résolutions du Conseil de sécurité des Nations Unies sur les femmes, la paix et la sécurité depuis 2000 ; et dans la recommandation générale N°30 de la CEDEF, qui précise les obligations des États membres avant, pendant et après un conflit[18]. (Smith, 2022).

Ce plateau de références juridiques présenté, qui encourage l'égalité de genres et l'équité dans les organisations, doit être pris et considéré dans l'univers sportif international ; notamment dans les instances faîtières des disciplines sportives à travers le monde. La législation en vigueur pour le cas échéant doit être contenue dans les différents codes du sport.

1.1. Code du sport et gestion inclusive des fédérations sportives à travers le monde

[17] Idem. Cette mention interpelle les pouvoirs publics à l'établissement des textes juridiques favorisant activement l'ODD N°5. Cette action publique doit être soutenue par des démarches activistes pour qu'elle soit plus forte ; celles-ci doivent éduquer les masses, et conduire à la réduction ou l'élimination des stéréotypes et préjugés sociaux sur la prise en compte des questions du genre dans les organisations sociales.

[18]Op. cit. Smith, S. (2022). Idée partagée par Aisling Swaine et Catherine O'Rourke en 2015, dans **Guidebook on CEDAW General Recommendation No. 30 and the UN Security Council Resolutions on Women, Peace and Security** ; pour le compte d'ONU Femmes.

L'organisation et le développement du sport dans le monde sont encadrés particulièrement par la Charte internationale de l'éducation physique et du sport ; celle-ci étant adoptée à l'issue de la Conférence générale de l'Organisation des Nations Unies pour l'éducation, la science et la culture (UNESCO) en 1978. Le préambule de cet instrument réglementaire mondial cité rappelle les principes de droit et libertés pour tous dans l'univers sportif, « … sans discrimination aucune fondée sur la race, la couleur, *le sexe* [emphase ajoutée] … » ; afin de garantir davantage le progrès du sport.

Pour ce qui concerne la manifestation de l'administration des disciplines sportives, la disposition générale de l'article 4 de la Charte internationale suscitée présente la qualification et le bénévolat comme principaux atouts nécessaires au personnel y relatif[19]. À cet effet, et en nous focalisant sur la gestion des instances faîtières de sport, tout humain est susceptible d'occuper le poste de président de fédération ; si et seulement si la qualité intrinsèque et surtout la compétence de celui-ci lui permettent d'avoir cette chance.

L'environnement sportif de chaque coin du monde adapte son propre code, dans un strict respect des principes de gouvernance démocratique ; tels qu'ils sont définis — par exemple — par le Conseil de l'Europe en 2018[20]. Ces principes, qui sont relatifs à un bon exercice de la gouvernance, correspondent à la manifestation de la citoyenneté ouverte au droit de vote. Mais certains d'entre eux peuvent également s'ouvrir à la conquête d'un poste de dirigeant comme celui de président de fédération sportive. À cet effet, les principes respectant l'équité et l'égalité des sexes comme assises d'éligibilité à la tête d'une telle

---

[19]La disposition intégrale de l'article 4 de la **Charte internationale de l'éducation physique et du spor**t (UNESCO,1978) comporte 3 paragraphes. Ces derniers suivent l'idée générale de l'article, qui est la suivante : « L'enseignement, l'encadrement et l'administration de l'éducation physique et du sport doivent être confiés à un personnel qualifié. ».

[20]En 2018, le Conseil de l'Europe présente 12 principes nécessaires pour l'exercice de la bonne gouvernance. Ils sont : 1) la participation, la représentation, et les élections conformes au droit ; 2) la réactivité ; 3) l'efficacité et l'efficience ; 4) l'ouverture et la transparence ; 5) l'état de droit ; 6) le comportement éthique ; 7) les compétences et les capacités ; 8) l'innovation et l'ouverture d'esprit face au changement ; 9) la durabilité et l'orientation à long terme ; 10) la gestion financière saine ; 11) les droits de l'Homme, la diversité culturelle et la cohésion sociale; 12) l'obligation de rendre des comptes.

association sportive sont les suivants : la participation et la représentation ; l'ouverture ; l'état de droit ; l'éthique ; les compétences et les capacités ; l'ouverture d'esprit face au changement ; et le respect des droits de l'Homme[21].

Le Conseil de l'Europe encore, cette fois-ci avec le concours de l'Accord partiel élargi sur le sport, a mis sur pied en 2021 la Charte européenne du sport révisée[22]; qui conserve l'idée générale de la Charte internationale relative à l'organisation et au développement du sport déjà évoquée. L'article 6 entier appelle au respect des droits de l'Homme dans toute œuvre du développement et de l'organisation du sport. On se réfère notamment à la disposition de l'alinéa2 dudit article, qui rappelle que « L'approche relative à la diligence raisonnable en matière de droits de l'homme dans le sport requiert le respect des droits de l'homme des personnes qui participent ou qui sont exposées à des activités liées au sport… ». Ceci fait recours à : la protection des acteurs et administrateurs de sport ; la justice et l'équité ; l'égalité entre les femmes et les hommes ; la lutte contre toute forme de discrimination ; la promotion de l'inclusion ; la promotion des mesures coercitives à toute violation des droits de l'Homme. Ce qui convoque pleinement une éducation à l'éthique et à l'intégrité, pour un univers sportif durable ; telles sont les dispositions particulières des articles7, 8 et 9 de la même réglementation en faveur du développement du sport en Europe[23].

De ce fait, selon la résolution N°20 du conseil européen et les représentants des gouvernements des États de ce continent pour le sport réuni en 2022[24], résolution diffusée la même année dans la version électronique du Journal officiel de l'Union européenne-série C[2525], Il

---

[21]Conseil de l'Europe : Op.cit. Les principes utilisés sont les suivants :1,4,5,6,7,8,11.

[22]La **Charte européenne du sport révisée** est un récent instrument réglementaire qui encadre l'évolution du sport en Europe. Elle est fondée principalement sur la **Recommandation N°R (92) 13 révisée du Comité des Ministres aux États membres sur la Charte européenne du sport révisée.**

[23]Ibid. Les articles 6, 7, 8 et 9 (et leurs alinéas respectifs) constituent le contenu entier de la partie C de ladite Charte. Cette partie porte sur les valeurs dans le sport.

[24]Les conclusions du Conseil européen et les représentants des gouvernements des États membres, réunis en 2022 au sein du Conseil sur « Le sport et l'activité physique, leviers prometteurs de transformation des comportements en faveur d'un développement durable », présentent 55 résolutions au total.

[25]La série C de la version électronique du Journal officiel de l'Union européenne reprend les décisions qui émanent des juridictions de cette organisation de l'Europe. Celui utilisé

importe [aux États membres] de tenir compte, dans le sport, des questions de bonne gouvernance, d'intégrité, d'égalité d'accès, de respect des droits de l'homme, de fiabilité, d'équité et de durabilité. Cela devrait se faire à tous les niveaux, par exemple dans les clubs, les ligues, les fédérations nationales et internationales, les organisations non gouvernementales, les opérateurs économiques, les organisateurs de grandes manifestations sportives, les entreprises ou les médias.

Dans le contexte de l'Afrique, les démarches relatives à l'égalité des genres et l'équité dans l'organisation du secteur sportif semblent être en construction dans le dit continent. Les auteurs Rigar, Ejjanoui et Smouni — dans leur étude commune en 2010 portant sur l'inclusion de la gent féminine au processus de développement des Hommes par le sport au Maroc[26]—précisent que le « …développement durable doit être intégré aux politiques sportives, aux règlements et modes de gestion qui régissent le fonctionnement du monde sportif. » ; notamment dans l'environnement africain. Se basant sur les propositions de l'agenda 21 du sport français[27], lesdits auteurs insistent — entre autres propositions — sur « les valeurs de solidarité ». Ces dernières devraient justifier l'accès des femmes « aux postes de responsabilité au sein des organisations à caractère sportif, en veillant à ce que certains freins culturels et matériels qui limitent leur participation soient levés, surtout dans certains pays en voie de développement à régime totalitaire. » (Rigar, Ejjanoui & Smouni, 2010).

---

dans cette recherche a été publié le 22 avril 2022 en langue française ; ainsi que dans chacune des 23 autres langues officielles de l'Union européenne. La version électronique de ce Journal existe également dans la série L qui reprend les textes européens (traités, directives, règlements, décisions, recommandations, avis et actes particuliers); et dans la série S qui concerne uniquement les avis de marchés publics en Europe.

[26] Sidi Mohamed Rigar, Fouzia Ejjanoui et Rachid Smouni (2010). **L'intégration de la femme au développement humain par le sport : le cas du Maroc**. Cette étude est le quatrième chapitre de l'ouvrage collectif intitulé **Genre et sport en Afrique Entre pratiques et politiques publiques**, et dirigé par Monia Lachheb. Cet ensemble d'études a été mis sur pied pour le compte du Conseil pour le développement de la recherche en sciences sociales en Afrique.

[27]L'Agenda 21 a permis au sport français d'intégrer les aspects du concept de développement durable dans son système. Ainsi pour être en conformité avec les principes liés au dit concept, l'organisation du sport en France doit respecter l'environnement, promouvoir la solidarité et encourager un modèle économique durable. Nous rappelons que l'Agenda21, mis sur pied par les NU, a été remplacé en 2015 par l'Agenda 2030; ce dernier qui définit les ODD.

Mais malgré toutes ces mesures visant l'encadrement juridique permettant à la femme de briguer aux postes de responsabilités dans les instances dirigeantes de sport, notamment le poste de président de fédération sportive, il demeure de forts préjugés sur leurs capacités à conduire le management de ces organisations.

1.2. Une organisation sportive entachée de stéréotypes et de préjugés sur le genre

Le développement du mouvement sportif mondial est marqué par des conflits qui empêchent le déploiement complet de l'égalité des genres et de l'équité. Cette situation peut être la cause de la résistance du plafond de verre, quant à l'acceptation de l'image de la femme présidente de fédération sportive civile nationale. C'est ce que rappelle l'article commun de Rguibi et Atid en 2021, qui présente l'expression du leadership dans les organisations en général comme un « scénario masculin » ; allant dans le même sens que Middlehurst (1997) qui pense que le langage du leadership a des connotations masculines (...)et les contextes populaires de leadership englobent des scénarios traditionnellement masculins (...) pouvoir ou charisme, esprit de décision, initiative et courage (…) parce que le management et le leadership sont depuis longtemps des enclaves à prédominance masculine, l'image du manager idéal repose sur des attributs masculins (Middlehurst, 1997)[28].

Cette image ségrégationniste sera le moteur de nombreuses études relatives aux questions de genre et d'équité dans les organisations sportives à travers le monde. La réalité ainsi exposée justifie les relents manifestes de blocus de la candidature des femmes aux postes décisionnelles comme celui de président de fédération sportive ; et par conséquent, cela ralentit clairement les élans de développement durable dans la gestion du sport. Cette situation exprime donc de nombreux obstacles susceptibles d'alourdir le processus électoral relatif au renouvellement des COMEX dans les instances faîtières de sport ; mettant davantage en mal la participation de la femme lors de ces

---

[28]Ce propos de Robin Middlehurst a été cité dans l'article de Rguibi Khalid et Atid Asma en 2021.

consultations électorales particulières. Le rapport de l'étude menée par les académiciens britanniques Henry et Robinson (2010)[29], pour le compte du Comité international olympique (CIO), retranscrit les différents obstacles à l'égalité des genres et l'équité dans l'ensemble du système électoral dans les organisations sportives.

Figure1

Obstaclespotentielsàlaparticipationtotaledesfemmeslorsdesconsultationsélectorales au sein des fédérations sportives civiles (Henry & Robinson, 2010)

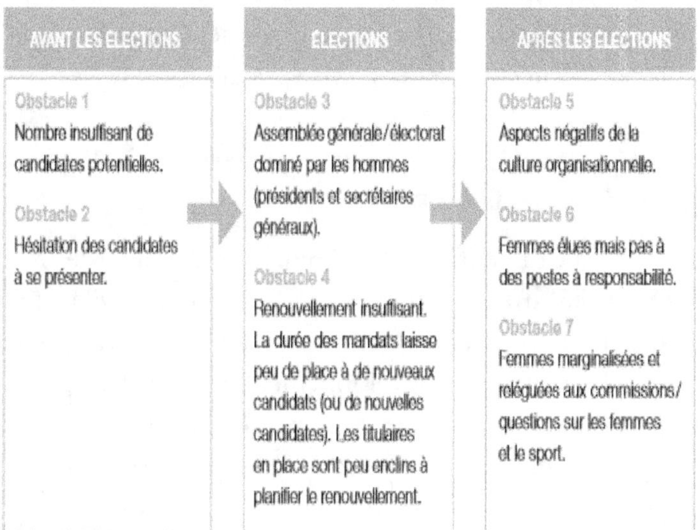

En analysant davantage cette précédente figure, le constat fait est celui d'un plafond de verre qui prend son essence dès la période préélectorale ; notamment pendant les déclarations de candidatures. Cette période critique est celle où la candidature féminine à la présidence d'une fédération sportive particulièrement est : soit tolérée, avec quelques réserves tout de même sur la capacité d'une femme à assurer

[29]Ledit rapport d'étude est l'œuvre du Pr Ian P. Henry et du Dr Leigh Robinson, chercheurs associés au Centre pour les études et recherches olympiques [Centre for Olympic Studies and Research] de l'Université de Loughborough en Angleterre. À la demande du CIO, la recherche menée en 2010 est intitulée **Egalité des sexes et fonctions dirigeantes dans les instances olympiques — femmes et fonctions dirigeantes dans le mouvement olympique 2010**.

les actes de leadership ; soit complètement mal considérée, et cela pourrait se manifester par une absence complète de suffrage universel des membres électeurs au poste. De ce fait, une des solutions pour améliorer l'indice d'égalité de genre dans le sport est d'intégrer la dimension de genre dans les domaines politiques concernés. L'intégration de la dimension de genre consiste à appliquer une perspective d'égalité de genre à chaque stade de la conception et de la mise en œuvre d'une politique ou d'un programme. (Institut européen pour l'égalité entre les hommes et les femmes, s. d.)[30]

Pour parvenir à cette amélioration, des mesures internationales ont pourtant été établies depuis la Déclaration de Brighton en 1994[31]. L'appel à l'équité et l'égalité passera aussi par l'accroissement des candidatures féminines à la présidence des fédérations sportives.

1.3. Les fédérations sportives au Cameroun à l'épreuve de l'équité : état des lieux

En ratifiant la Convention sur l'élimination de toutes les formes de discrimination à l'égard des femmes[32] le 23 août 1994, l'État du Cameroun accepte d'agir contre l'exclusion à la pleine participation de la femme à l'organisation et au développement du sport dans le pays[33]. Cette mesure internationale ne s'oppose pas fondamentalement à la loi n°2018/014 du 11 juillet 2018 portant organisation et promotion des activités physiques et sportives au Cameroun. Celle- ci se présente comme le seul guide officiel de l'orientation nationale du sport.

Cette action inclusive de l'État camerounais, qui promeut l'équité et l'égalité entre les femmes et les hommes, se fait remarquer par l'augmentation du nombre de femmes aux postes de décisions dans les

---

[30]Propos tiré de l'article intitulé **L'égalité de genre dans le sport**. Bien que l'année ne soit pas mentionnée (l'abréviation « s.d. » étant marquée pour signifier l'expression « sans date »), les données recueillies par l'Institut européen pour l'égalité entre les hommes et les femmes datent de 2015.

[31]La Déclaration de Brighton résulte de la première Conférence mondiale sur les femmes et le sport tenue en1994 à Brighton, en Grande-Bretagne.

[32]Cette Convention internationale a été signée le 6 juin 1983 par les États membres présents de l'ONU.

[33]cf. les dispositions particulières de l'article7 c) sur le développement des organisations non gouvernementales, et de l'article 13 c) sur la participation aux sports.

FSCN ; bien que ce soit relativement fébrile. Encore qu'il faille rappeler que le MINSEP[34], dans sa Lettre Circulaire du 12 octobre 2022 adressée aux présidents sortants des FSCN, appelle ceux-ci à « l'existence ou l'élaboration (…) d'un code électoral propre à chaque FSCN et qui garantisse *les principes de démocratie, d'équité et de transparence* [emphase ajoutée]» ; ainsi qu'à «la prise en compte de *l'approche genre* [emphase ajoutée] (…) dans la composition des organes dirigeant»[35]; afin de garantir de bonnes assemblées générales électives dans les FSCN.

La motivation de la gent féminine à occuper des fonctions fédérales dirigeantes comme la présidence des FSCN serait portée par une envie de « faire entendre la voix des femmes et montrer leur savoir-faire dans le management » de ces instances faîtières de sport (Nteppe Kassi, 2022)[36]. Concernant particulièrement les actes de candidatures féminines à la présidence d'une de ces organisations sportives convoquées, nos investigations nous ont permis de compter huit (8) femmes qui se sont portées candidates à ce poste[37]. Le pourcentage de femmes élues présidentes à l'issue du processus électoral dans ces organisations est de 50 %[38]. Cette proportion de succès féminin confirme

---

[34]Ici, il s'agit du ministre des Sports et de l'Éducation physique au Cameroun.

[35]Ce sont des orientations extraites de la **lettre circulaire N°2022-004/LC/MINSEP/SG/DNSOS/SDN du 12 octobre 2022 portant orientations générales relatives à l'organisation des élections des Bureaux Exécutifs des Fédérations Sportives Civiles Nationales pour la période 2022-2024**.

[36]L'article rédigé en 2022 par Junior Nteppe Kassi est intitulé **Elections : ces femmes qui veulent manager les fédérations**. Le texte écrit pour une revue en ligne de sport présente les 4 premières femmes ayant annoncé officiellement leurs candidatures à la tête de l'exécutif au sein d'une FSCN au Cameroun. Il s'agit entre autres des instances suivantes :la fédération camerounaise de nanbudo; la fédération camerounaise d'athlétisme; la fédération camerounaise de handball; et la fédération camerounaise de karaté. Nous rappelons que seule la candidate de la première fédération citée a été élue au poste convoité.

[37]À partir de nos recherches personnelles et des informations recueillies à la DNSOS du MINSEP, les 8 fédérations sportives civiles ayant eu une candidature féminine à la présidence lors des dernières consultations électorales pour le renouvellement des organes de base sont: la fédération camerounaise d'athlétisme; la fédération camerounaise de badminton; la fédération camerounaise de handball; la fédération camerounaise de gymnastique; la fédération camerounaise de karaté; la fédération camerounaise de nanbudo; la fédération camerounaise de patins à roulettes; la fédération camerounaise de tennis de table.

[38]Sur les 8 candidates, 4 femmes ont été élues et portées à la tête de l'une des fédérations nationales précédemment mentionnées.

bien que la candidature des femmes à la tête d'un exécutif fédéral peut ne pas subir de marginalisation ; si et seulement si le document qui encadre le processus électoral de toute FSCN ne présente pas des marques d'exclusion ou de discrimination de la femme.

En prenant pour référence le code électoral de la fédération camerounaise de football (FECAFOOT)[39], sport présenté comme « le sport favori des camerounais » dans l'article de Maurer (2022), l'égalité de genre et l'équité sont bien considérées en état. La clarification faite sur le vocabulaire utilisé dans ce code électoral précise que « le masculin générique utilisé par souci de concision s'applique au sexe féminin… ». L'on comprend mieux la raison pour laquelle aucune ségrégation de type sexiste n'empêche la candidature des femmes au poste de président de fédération sportive ; ce qui est conforme avec la disposition de l'article 46 — alinéa1 des statuts de la FSCN prise en présente référence[40]. Et de ce fait, tout candidat à la présidence fédérale est soumis aux mêmes conditions d'éligibilité. Ces dernières, conditionnant la participation, sont basées surtout sur : le type de profil accepté en relation avec le développement de la discipline sportive concernée ; les capacités ; l'intégrité et l'éthique.

La réglementation nationale et internationale en faveur de l'égalité de genre, et donc de l'équité dans les actes de candidature au poste de président d'une FSCN, entraine un vent de justice naturelle entre les sexes. C'est sur cette dernière que se construit cette étude.

2. Cadre théorique de l'étude : la théorie de la justice comme équité (John Rawls)

Tout projet humain visant le développement d'une organisation doit être porté par le mérite au regard de l'éthique et de l'intégrité de chaque personne ; mais également du droit ou de toute norme qui encadre un élan de cohésion dans l'environnement concerné. Cela

[39]L'actuel code électoral de la FECAFOOT a été adopté le 27 août 2022 par l'assemblée générale ordinaire de ladite fédération. Il faut également noter que l'actuel premier vice-président de cette FSCN est une femme.

[40]Les présents statuts de la FECAFOOT datent du 27 mai 2023.

concourt à la construction d'une société juste ; celle-ci qui œuvre pour l'égalité et l'équité entre les personnes, en termes de droit et de liberté. Cet aspect est plus intéressant lorsqu'il s'agit de laisser la volonté individuelle de participation active aux démarches positives de management d'un secteur de la société s'exprimer. C'est sous cette optique que la réglementation encadre les candidatures à la tête des exécutifs dans le FSCN au Cameroun.

Les FSCN en tant qu'institutions normalisées sont régies par des mesures propres au développement du sport. Ces dernières doivent permettre à tout individu, quel que soit le sexe, de prétendre à la conquête de la présidence fédérale. Ce dispositif est mis sur pied pour garantir l'équité ; et ainsi, construire une organisation sportive vertueuse et juste : c'est ainsi que se manifeste la justice. Celle-ci constitue tout un courant théorique portée par les travaux de Rawls en 1971.

En effet, « La justice est la première vertu des institutions sociales comme la vérité est celle des systèmes de pensée ». (Rawls, 1971). C'est un atout à la conception d'une bonne organisation. La théorie de la justice (TJ) vise la construction d'un environnement inclusif, qui tolère les différences ; et notamment, conditionne la considération des genres dans les pas pour le développement organisationnel. Pour cela, la TJ est basée sur trois (3) principes fondamentaux.

1. Le principe de liberté donne à chaque citoyen l'accès aux mêmes libertés ; sachant que la liberté de chacun doit être compatible avec la liberté des autres membres de l'organisation. Alors dans le cadre des actes de candidatures à la tête de l'exécutif fédérale au sein d'une FSCN, on comprend ainsi la position du législateur à ouvrir les vannes à la libre déclaration de la candidature pour tout individu ; sans distinction relative au sexe précisément. Il s'agit ici de maximiser la liberté de chacun en toute égalité ; car la liberté des uns ne saurait être supérieure à celle des autres dans une organisation qui se veut juste et équitable.
2. Le principe d'égalité de chances convoque les compétences et aptitudes, ainsi que la motivation des sujets. À compétences égales, les chances sont égales ; et ainsi, est consommée la lutte contre la discrimination et toute forme d'exclusion. Ceci concourt à augmenter l'accessibilité et la participation pour tous. L'absence d'un de ces

paramètres d'égalité se présente comme une entorse entravant le développement durable dans une organisation. Ce qui provoque de ce fait un handicap, vue sur la limitation d'activité et le défaut de participation sociale (CIF, 2001)[41]. Par extension, le maintien d'un plafond de verre dans les FSCN peut se présenter comme un désavantage pour la femme candidate à la tête d'un exécutif fédéral.

3. Le principe de différence considère que les inégalités économiques et sociales doivent être profitables aux individus plus défavorisés, ou aux populations dites vulnérables. De ce fait, les inégalités doivent favoriser l'ouverture à tous. Compte tenu du fait qu'il existe des instruments réglementaires qui militent pour l'inclusion des femmes dans les processus électoraux dans les structures sportives — particulièrement pour la candidature au poste de président de fédération sportive —, il est clair qu'à travers ce principe, la gent féminine constitue une population méritant une considération particulière.

Le regard porté sur ces principes de la TJ conditionne de ce fait la prise en compte de certaines règles de priorité, à tenir comme guide d'exécution ; afin de garantir l'équité dans une organisation. Dans le cadre de cette étude, nous avons défini trois (3) règles.

i) La première règle présente l'importance du principe de liberté sur les deux (2) autres principes suivants.

ii) La deuxième règle impose également une domination du principe d'égalité des chances sur le principe de différence.

iii) La troisième et dernière règle se définit sur le respect de l'indépendance des trois (3) principes ; aucun ne devrait substituer un autre dans la quête de l'équité.

Considérant que ces principes doivent être présents dans les démarches pour le développement d'une institution comme les FSCN, nous proposons une synthèse schématique.

[41]En 2001, l'Organisation mondiale de la santé (OMS) a mis sur pied la **Classification Internationale du Fonctionnement, du handicap et de la santé (CIF)**. Dans cette nomenclature, l'approche de la notion de handicap est considérée suivant 4 paramètres : la physiologie, l'anatomie, la limitation d'activité et la participation sociale. Les 2 derniers paramètres sont ceux considérés dans cette étude.

Figure2

Ordre de domination ou d'apparition des principes de la TJ (auteurs)

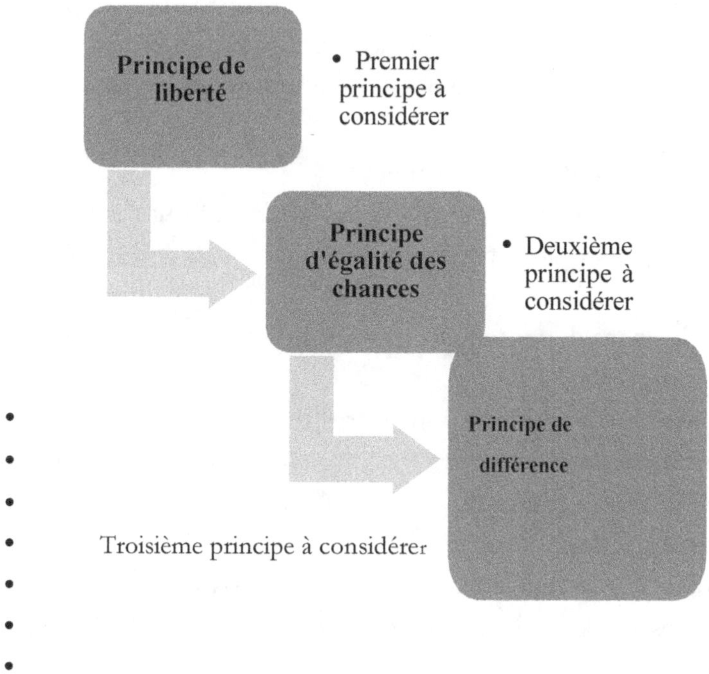

Malgré la présence de tous ces principes et mesures à tenir pour assurer le développement d'une institution en toute équité, la TJ de Rawls présente néanmoins quelques limites à son application dans les institutions. Ces restrictions peuvent — par exemple — contribuer au blocage des élans de la femme vers la présidence d'une FSCN, et maintenir ainsi un plafond de verre quant à sa candidature à la tête de cet exécutif fédéral. C'est conforme aux différents obstacles au bon déroulement du processus électoral global conduisant au renouvellement des COMEX dans les fédérations sportives. Ces barrières ont été déterminées et présentées par Henryet Robinson (2010). Pour ces auteurs, le constat fait en période préélectorale se manifeste par le nombre insuffisant des candidatures des femmes, et l'hésitation de celles-ci à se présenter. Ce que Rawls justifie par une forme d'ignorance (de la réglementation en faveur de l'équité); et aussi une absence de motivation des femmes. Ce dernier note également un déséquilibre de l'ordre de domination des principes de la TJ; sachant qu'un principe ne peut pas remplacer un autre.

3. Terrain et applications

Cette étude a suivi une méthodologie précise, basée sur des éléments empiriques adaptés. Les investigations ont permis d'obtenir des résultats déterminés, dont le traitement ultérieur a suivi une démarche minutieuse.

3.1. Aspects méthodologiques

Pour bien construire notre problématique d'étude, nous avons effectué une série d'opérations de pré enquête. Celles-ci, conduites entre la fin de l'année 2023 et le début de l'année 2024, ont été constituées par de nombreuses recherches documentaires ; mais également par plusieurs entretiens avec des personnes ressources[42].

Les travaux empiriques se sont concentrés sur le profil de deux (2) candidates à la présidence des exécutifs fédéraux de la FECAKARATE et la FECANANBUDO. Le choix de ces deux (2) FSCN a tenu compte de certains critères.

Des huit (8) FSCN ayant eu une femme candidate au poste de président, ce sont les deux (2) instances faîtières de sports de combat (karaté et nanbudo).

- Les créations de ces deux (2) fédérations sportives sont relativement récentes[43].

- En plus, les résultats des élections dans ces organisations de sport représentent bien le partage équitable de réussites et d'échecs des candidatures féminines à la présidence fédérale : l'élection de la candidate de la FECANANBUDO, et la non-élection de celle de la

---

[42] Nous avons fait ces entretiens avec certains professionnels de sport constituant le personnel de la DNSOS du MINSEP.

[43] L'annuaire statistique du MINSEP de 2021, dernier en date, nous renseigne sur les années de création de toutes les FSCN recensées au Cameroun. Des 8 fédérations sportives ayant reçu une candidature féminine aux dernières élections de COMEX, la FECANANBUDO est la plus jeune (créée en 2003) et la FECAKARATE est la 4e (créée en 1993).

FECAKARATE.

Pour obtenir nos données de nature qualitative, nous avons utilisé les informations contenues dans la présentation du profil de chacune des candidates précédemment convoquées. Des éléments qui sont contenus aussi dans les différentes professions de foi des différentes candidates[44]. Le tableau ci-après présente des informations réparties en quatre (4) thématiques de recherche ; celles-ci portant sur les critères d'éligibilité donnant une légitimité aux candidatures.

Tableau 1

Grille d'élaboration de la stratégie de recherche d'informations sur les candidates

(auteurs)

ITEMS D'INFORMATIONS	INFORMATIONS CONSIDÉRÉES
QUALIFICATIONS DES CANDIDATES	Profil académique
	Profil professionnel
ÉTATS DE DROIT DES CANDIDATES	Légitimité de fait
	Motivation et vision
ÉLANSD'ÉTHIQUE	Slogan de campagne
	Promesses et engagements

3.2. Traitement général des résultats

Les informations recueillies servant de données obtenues ont subi un traitement approprié à une recherche qualitative. L'analyse descriptive des résultats a utilisé les canons d'une analyse documentaire basée sur la réglementation, et sur toutes les informations convoquées sur les candidates. L'interprétation des données et la discussion permettront

[44]Les informations des candidates ont été recueillies à travers plusieurs interviews accordés à de nombreux organes de presse (émissions radio, presses écrites, médias en ligne) ; et à travers leurs différents dossiers de candidatures et leurs plateformes virtuelles.

d'approfondir le décryptage ; en mettant en relief les dispositions qui ont soutenu les candidatures féminines, et ce qui peut maintenir (ou pas) une barrière à leur volonté d'accéder à la présidence fédérale.

3.2.1. Expériences et qualifications de chaque candidature féminine

Cet item se présente comme un élément d'identification générale de chaque candidate. Les informations connues sur leurs différents profils sont nécessaires ; afin de savoir si elles ont la qualification adéquate à occuper la tête d'une FSCN.

Tableau 2

Présentation des qualifications de chaque candidate

QUALIFICATIONS DES CANDIDATES	INFORMATIONS CONSIDÉRÉES	
	Candidate de la FECANANBUDO	**Candidate de la FECAKARATE**
Profils académiques	Juriste	Experte en sciences de gestion et en communication (publicité)
Expériences professionnelles et sociales	Académicienne ; présidente de conseil d'administration ; promotrice politique ; présidente du réseau *« More women in politics »* ; fondatrice de la *« Dynamique citoyenne pour la paix et l'unité nationale»*.	Artiste (musique et écriture de roman); promotrice culturelle ; manager de SARL en communication et en stratégie publicitaire.

Par l'observation de l'identification générale de chaque candidate, il est clair que chacune présente un calibre important en matière de management stratégique des organisations. Cette compétence globale a donné une force à leur candidature respective à la présidence de l'exécutif de la fédération sportive visée par chacune. Encore que ce soient des femmes publiques ; donc qui ont l'habitude d'être au contact des populations et de gérer les humeurs des autres.

* Concernant ses différents profils de compétence, la candidature féminine de la FECANANBUDO est assise sur la formation de juriste de cette postulante à la tête de l'exécutif fédéral. Ce qui la met en conformité avec toute la législation en matière d'inclusion de la femme dans le processus électoral au sein des organisations sportives, comme la conquête du poste de président d'une FSCN. D'ailleurs, ses activités sociales la conduisent à défendre la cause de l'accession de plus de femmes en politique. Cet engagement féministe, qui peut pourtant agresser l'électorat masculin, est rapidement rattrapé par les qualités managériales de la candidate ; et surtout de ses élans à défendre une société camerounaise de « paix » et d'« unité ».

* Pour la candidature féminine de la FECAKARATE, son expertise en matière de gestion et de management porte la candidate. Cependant, on pourrait émettre un bémol sur le fait que la postulante à la présidence de cette fédération n'ait pas une fondation juridique impressionnante. Mais ses atouts en communication et en stratégie publicitaire militent en sa faveur, et font en sorte qu'elle puisse ventiler aisément son message et sa profession de foi. Toutefois, l'omniprésence dans l'espace public d'un candidat, encore une femme[45], peut mettre en péril sa candidature au sein de l'électorat.

La convocation du comportement de l'électorat masculin face aux profils des candidates à la présidence respective de la FECANANBUDO et de la FECAKARATE peut bloquer la route à leur élection à la tête des exécutifs fédéraux. L'assemblée générale de chaque fédération, majoritairement à coloration masculine, s'avère donc comme un éventuel opposant au projet des candidatures féminines. Ce qui est conforme aux travaux de Henry et Robinson en 2010 ; les auteurs ayant présenté la prédominance masculine de l'électorat comme un potentiel obstacle des candidatures féminines pendant les élections pour occuper les fonctions dirigeantes au sein des organisations sportives dans le monde. D'autres chercheurs ont mis en lumière l'existence des barrières sexistes, qui se

---

[45] Plusieurs scandales de mœurs sur les athlètes féminins ont été relevés à la FECAKARATE.

présentent comme des « … facteurs empêchant la progression des femmes dans les postes de direction dans le milieu sportif» (Lotfy & Bennani Bennis, 2023); notamment celui de la présidence de l'exécutif des FSCN.

Pour contrecarrer cette menace en amont, les compétences managériales des candidates sont mises en valeur ; afin de rétablir la justice et l'équité pendant le processus électoral. Nous convoquons ainsi la TJ de Rawls, et notamment le principe d'égalité des chances. Les mêmes opportunités, et par conséquent les mêmes chances à être élu président de fédération sportive, sont offertes à tous les candidats.

Tableau 3

Présentation des états de droit de chaque candidate

ÉTATS DE DROIT DES CANDIDATES	INFORMATIONSCONSIDÉRÉES	
	Candidate de la FECANANBUDO	**Candidate de la FECAKARATE**
Légitimité de fait	Camerounaise. Athlète vétéran (ceinture noire de nanbudo) ; promotrice de sport	Camerounaise. Athlète vétéran (ceinture noire de karaté) ; promotrice de sport
Motivation et vision	«Je suis capable de(...)transformer le visage du nanbudo au Cameroun (...) j'ai vu que le nanbudo n'était devenu que l'ombre de lui-même. Je pense que la force de mobilisation, la force de management, de gouvernance que j'ai construite dans d'autres sphères (...)[46]Je pense que cette fève politique, fève managériale devrait retourner au nanbudo pour lui donner ses lettres de noblesse... »	«[...] Je n'ai donc pas de combat à mener, j'ai une vision à partager, un rêve à réaliser, un système à réorganiser, un programme à déployer pour le karaté camerounais. J'ai choisi d'être une actrice majeure de cette révolution positive qui pointe à l'horizon dans le mouvement sportif camerounais. »

compétents. Compte tenu du fait que les candidatures féminines aient été retenues, le principe de liberté de la TJ est donc d'abord respecté en état.

Toutefois, le coffre juridique et citoyen de la candidate de la FECANANBUDO absorbe tout zèle sexiste de l'électorat. Tandis que la casquette d'experte en sciences de la communication peut mettre en

[46]La candidate a fait mention de ses expériences sur les plans professionnel et politique.

veille l'assemblée générale sur les démarches de la candidate de la FECAKARATE ; celle-ci qui semble porter une mission messianique à divulguer et à défendre une position. L'on comprend aisément le fait qu'elle se considère comme étant «la candidature de l'unanimité »[47].

3.2.2. États de droit de chaque candidature féminine

Cet item se définit pour présenter tout ce qui rend légitime la candidature de chacune des postulantes au poste de président de FSCN.

* Concernant la légitimité de fait, les deux (2) candidates sont des camerounaises pratiquantes de ces sports de combat, et actrices de la promotion et du développement de ces disciplines sportives. Donc l'une ou l'autre connait les mécanismes de fonctionnement du système ; ce qui leur donne le droit de se porter en candidate à la tête de l'exécutif de chaque fédération.

La légitimité de fait de chaque candidate présentée est la condition d'éligibilité de pointe à l'exécutif d'une FSCN. C'est ce que rappelle le MINSEP, dans sa Lettre Circulaire du 21 octobre 2022 adressée à plusieurs représentants de l'organisation sportive nationale et internationale devant prendre part aux assemblées générales électives au sein des FSCN[48]. En effet, ledit ministre précise qu'est éligible « tout citoyen camerounais ayant une affinité avérée avec la discipline sportive ou ayant fait des réalisations importantes dans le milieu sportif. »; en conformité avec les statuts des FSCN[49].

*Chaque candidate au poste de président de sa FSCN présente une

---

[47]Ce propos de la candidate de la FECAKARATE, recueilli sur sa page virtuelle Facebook, a été présenté dans l'article du média de presse en ligne **lebledparle**. L'article a été rédigé et publié sur la toile le 8 novembre 2022.

[48]Il s'agit de la **Lettre circulaire N° 2022-006/LC/MINSEP/SG/DNSOS/SDN du 21 octobre 2022 relative au Guide Électoral précisant les modalités pratiques d'organisation des Assemblées Générales Électives des Fédérations Sportives Civiles Nationales pour la période2022-2024**.Cette note est adressée aux responsables suivants: le membre du bureau exécutif du comité international olympique; le président du comité national olympique et sportif du Cameroun; le président du comité national paralympique camerounais; les président(e)s (sortants) des FSCN; les candidat(e)s au processus électoral; les membres du comité de suivi; les délégués régionaux, départementaux et d'arrondissements des sports et de l'éducation physique.

[49] Voir par exemple la disposition de l'article 46—alinéa 3 des statuts actuels de la FECAFOOT.

motivation et une vision pour un changement catégorique au sein du système fédéral ; mais avec des démarches proposées différentes. La candidate à la présidente de la FECANANBUDO pense que son expérience dans le management et la gouvernance acquise dans d'autres circonstances peut « … transformer le visage du nanbudo au Cameroun » déjà diminué ; afin de donner de nouveau à ce sport de combat « … ses lettres de noblesse ». Quant à la candidate à la tête de la FECAKARATE, occuper ce poste est « un rêve à réaliser » pour la réorganisation d'un système fédérale ; à travers « un programme à déployer pour le karaté camerounais. ».

Il se trouve que les deux (2) candidates prennent des routes différentes dans leur conquête de la présidence de l'exécutif fédéral. Celle de la FECANANBUDO veut rassurer l'électorat, en proposant de mettre son expérience acquise dans le leadership au service du changement et du développement de ce sport dans le pays. Tandis que celle de la FECAKARATE, dans un élan messianique, se propose juste d'être un acteur important impulsant une « révolution positive (…) dans le mouvement sportif camerounais » ; laissant déjà entrevoir d'éventuelles zones de tension dans la gestion d'antan de la discipline sportive au Cameroun, marquées par des actes de « clanisme » et de « favoritisme » qui mettraient le karaté camerounais en mal[50].

La position prise par la candidate de la FECANANBUDO souffle un vent de militantisme pour une gestion transformative, en tenant compte de toutes les parties prenantes au progrès du nanbudo au Cameroun. On comprend son appel au rassemblement général par l'évocation de « la force de mobilisation ». C'est une main tendue à l'inclusion, et l'intégration des majorités et des minorités dans son projet ; et même de la considération des genres dans la dynamique de développement du sport dont il est question en toute équité. Cette position se greffe aux recherches de Smith en 2022 qui pense que « Le leadership (…) joue un rôle fondamental dans la mise en œuvre de cette approche transformatrice. » ; et d'autant plus que les candidats prêts à

---

[50]Voir la profession de foi de la candidate contenue dans son dossier de presse public de candidature.

porter un style managérial en faveur de l'équité « (…) tiennent compte des questions de genre (…). Ils sont les véritables acteurs d'un changement important ». Ceci concourt à justifier davantage la place de la TJ de Rawls ; notamment son principe de différence. C'est le même regard que porte la disposition générale de l'article 1 — alinéa 2 de la Charte européenne du sport révisée en 2021; cette réglementation qui oriente le progrès du sport en Europe, par un management favorisant les actes d'équité et le respect des droits de l'Homme pour le développement durable.

Quant à la candidate de la FECAKARATE, son choix «… d'être une actrice majeure de cette révolution positive» signe une démarche aux allures de renouveau drastique pour le karaté dans le pays. Cela peut placer directement la candidate dans un cliché managérial propre à la femme. Ce qui s'aligne à l'étude de Henry et Robinson en 2010. En effet, lesdits auteurs ont mené des investigations auprès de quelques femmes leaders d'organisations sportives ; et certaines ont confirmé l'existence d'un leadership féminin, basé—entre autres éléments—sur des élans féministes. Ce que présente l'axe10 du projet de la candidate de la FECAKARATE[51], qui rend plus explicites la vision et la motivation de cette conquête de présidence de l'instance faîtière de la discipline sportive dont il est question. Ce qui peut heurter un électorat majoritairement masculin ; et favoriser davantage un clivage sexiste présenté comme un éventuel obstacle (Henry & Robinson, 2010), maintenant le plafond de verre pour la femme à la tête de l'exécutif fédéral.

3.2.3. Élans d'éthique de chaque candidature féminine

Ce dernier item présente en fait le caractère éthique porté par chacune des candidatures féminines à la tête d'une FSCN étudiées.

---

[51]Le projet de la candidate au poste de président de l'exécutif de la FECAKARATE, présenté dans son dossier de presse public de candidature, est basé sur 27axes exprimant davantage sa vision. L'axe 10 mentionné dans le texte propose une « féminisation de la pratique du karaté »; notamment dans les actes managériaux, que l'accroissement et la protection des athlètes de sexe féminin.

Tableau 4

Présentation des élans d'éthique de chaque candidate

ÉLANS D'ÉTHIQUE	INFORMATIONSCONSIDÉRÉES	
	Candidate de la FECANANBUDO	Candidate de la FECAKARATE
Slogans de campagne	« Pour un leadership inclusif et humaniste, un management de service »	« Redonner au karaté camerounais ses lettres de noblesse »
Engagements de campagne	« Ensemble nous déplacerons les montagnes, dans la discipline et l'orthodoxie martiale. »	«Rassembler, réconcilier, refonder, reconstruire, innover et assainir, le karaté dans sa pratique, sa gestion et son Management au Cameroun .»

* Les slogans de campagne des candidates ne sont qu'une continuité de leurs motivations, et de leurs visions pour le développement des disciplines sportives. Les candidates affichent ainsi les leitmotivs de leurs mandatures éventuelles, dans le cas où elles seraient élues comme présidentes des exécutifs de leurs FSCN.

La Candidate de la FECANANBUDO marque ainsi son leadership — plus que jamais convoqué — des signes de l'inclusion, de l'humanitaire et du service. De ce fait, elle s'inscrit clairement dans un programme qui voudra respecter l'égalité, l'équité, la différence ; afin de conduiresonéventuelmandatdeprésidentdel'exécutiffédéral(sielleestélue) danslerespect des droits de l'Homme et de la justice, en vue du développement durable au sein de la FECANANBUDO dont on vise l'excellence représentée par « la lune »[52]. Les trois (3) principes de la TJ de Rawls sont ainsi convoqués (bien que l'accent soit davantage mis sur l'égalité de chances et la différence). Des principes de justice et d'équité qui soutiennent à la fois la candidature, mais aussi la signature de son programme vue à travers son slogan de campagne.

Quant à la candidate de la FECAKARATE, sa volonté de « redonner au karaté camerounais ses lettres de noblesse » passe par taire « les querelles intestines » au sein de cette fédération,

« (...) et parvenir à guérir toutes les blessures du passé »[5353]. Pour se faire, la candidate convoque dans sa profession de foi les actes de respect de l'être humain. Elle affiche ainsi un élan manifeste à briser les codes qui peuvent barrer la route à l'émancipation et la frustration des couches vulnérables. Ce qui peut heurter les sensibilités, et mener progressivement l'électorat à se figer contre l'accession d'un pareil profil au poste de président de l'exécutif fédéral (Henry & Robinson, 2010). Il se trouve que l'un des éléments opposants à ce projet d'élection est la prise en compte de l'ordre d'importance des principes de la TJde Rawls : peut-être sans s'en rendre compte, la candidate considère le principe de l'égalité des chances avant celui de la liberté. Ce qui semble affaiblir légèrement sa candidature.

* Les engagements de campagne des deux (2) candidates sont fondamentalement assis sur les actes de rassemblement et d'unité. Ces actions d'appel au rassemblement doivent être menées dans un total respect des valeurs transmises par les arts martiaux. Ces dernières sont présentées directement par la candidate de la FECANANBUDO dans son texte d'engagement à travers l'expression « orthodoxie martiale »,et le mot « discipline ».; la candidate de la FECAKARATE présente plutôt ces valeurs dans sa profession de foi[54].

Il est vraiment certain que les différentes candidates veulent

---

[52]« Fecananbudo ! Toujours viser la lune! » est le second slogan de la candidate , présenté dans l'article de Yannick Zanga du 28 février 2023 ; pour le compte de la version en ligne du quotidien généraliste **Cameroon Tribune**.

[53]Voir la profession de foi de la candidate de la FECAKARATE.

[54]Dans sa profession de foi, la candidate de la FECAKARATE donne les valeurs transmises par le karaté ; la discipline, le respect et la maîtrise de soi.

l'amélioration des conditions du système de gestion de leurs disciplines sportives respectives. Mais les orientations prises dans leurs engagements de campagne augurent déjà de la démarche suivie par chacune, si la victoire s'en suit après les élections. Cette pluralité observée est similaire à celle de l'étude menée par Lachheb et Kherouf en 2010 portant sur l'image du pouvoir dans les fédérations sportives tunisiennes[5555]. Ces dernières ont mis en lumière « une multitude de stratégies » par des dirigeantes femmes, qui fragilisent la cause féminine et peuvent maintenir le plafond de verre à la tête des FSCN. La candidate de la FECANANBUDO est directe, et se veut prudente pour réussir à « déplacer les montagnes » au sein de sa fédération. Tandis que la candidate de la FECAKARATE s'engage dans une dynamique de réconciliation, en pensant apporter un vent de renouveau et d'assainissement dans la gestion du karaté camerounais ; ce qui est remarqué par l'usage des verbes « refonder, reconstruire, innover ». Cette dernière démarche peut se présenter comme un « indicateur d'une incommodité » au poste de président de FSCN (Lachheb & Kherouf, 2010), qui « incite aux conflits » au lieu de rassurer l'électorat.

Conclusion

La présente étude a été menée pour présenter les dispositions en faveur de l'équité, en vue d'expliquer ce qui cause le plafond de verre pour la gent féminine à la présidence des FSCN. L'objectif était donc de procéder à l'identification des raisons justifiant l'accès difficile des femmes à la tête des exécutifs des FSCN. Pour cela, nous sommes passés par un décryptage des démarches de deux (2) femmes candidates à la présidence de deux (2) FSCN de combat : la FECAKARATE et la FECANANBUDO. Après traitement des informations retenues en guise de données, il s'avère que les candidatures féminines à la tête des exécutifs fédéraux sont effectivement portées par des instruments juridiques. Mais pour espérer un succès étincelant de celles-ci, il faut : clarifier certaines dispositions réglementaires ; éduquer le public du secteur sportif aux procédés d'inclusion qui respectent les droits de

---

[55]Monia Lachheb et Monia Kherouf (2010). **Le genre du pouvoir dans les fédérations sportives en Tunisie**. Cette étude est le cinquième chapitre de l'ouvrage collectif intitulé **Genre et sport en Afrique Entre pratiques et politiques publiques**, et dirigé par Monia Lachheb.

l'Homme et le développement durable ; conduire les FSCN au respect des principes d'équité et d'égalité des genres.

REFERENCES BIBLIOGRAPHIQUES

Comité international olympique — CIO. (1994). *Déclaration de Brightonsur les femmes et le sport — Les femmes, le sport et le défi du changement.*

Conseil de l'Europe-COE, Centre d'expertise sur la réforme de l'administration locale.(2018). Douze principes de bonne gouvernance démocratique. Centre d'expertise.

Fédération camerounaise de football—FECAFOOT.(2022). *CODEÉLECTORALDE LA FECAFOOT.*

Fédération camerounaise de football—FECAFOOT.(2023). *STATUTSDELAFECAFOOT.*

Henry, I. P., & Robinson, L. (2010). *ÉGALITÉ DES SEXES ET FONCTIONS DIRIGEANTES DANS LES INSTANCES OLYMPIQUES—FEMMES ET FONCTIONS DIRIGEANTES DANS LE MOUVEMENT OLYMPIQUE 2010.*Comité International Olympique—Université de Loughborough.

Institut européen pour l'égalité entre les hommes et les femmes.(s.d.).*L'égalité de genre dans le sport.* EIGE.

Lachheb, M., & Kherouf, M. (2010). Chapitre5 : Le genre du pouvoir dans les fédérations sportives en Tunisie. Dans M.Lachheb (dir.), *Genre et sport en Afrique: Entre pratiques et politiques publiques.*

LETTRE CIRCULAIRE N°2022-004/LC/MINSEP/SG/DNSOS/SDN du 12 octobre 2022 portant orientations générales relatives à l'organisation des élections des Bureaux Exécutifs des Fédérations Sportives Civiles Nationales pour la période 2022-2024.

LETTRECIRCULAIREN°2022-006/LC/MINSEP/SG/DNSOS/SDN du 21 octobre2022 relative au Guide Électoral précisant les modalités pratiques d'organisation des Assemblées Générales Électives des Fédérations Sportives Civiles Nationales pour la période 2022-2024.

Loi N°2018/014 du 11 juillet 2018 portant organisation et promotion des activités physiques et sportives au Cameroun.

Lotfy, C., & Bennis Bennani, Y. (2023). La diversité en genre dans les comités directeurs des Fédérations Royales Marocaines Sportives. *International Journal of Accounting, Finance, Auditing, Management and Economics*, 4 (1–2), 167–180.

Manirakiza, D. (2010). Chapitre 6: Femmes et sport au Cameroun: une conquête inachevée. Dans M. Lachheb (dir.), *Genre et sport en Afrique : Entre pratiques et politiques publiques.*

Maurer,T.(2022).Leballonrondau paysdesLions indomptables.*CaféCrèmeSport.*

Mboe, G. G. (2018). Discrimination à l'égard de la femme dans les organisations camerounaises: Le phénomène du plafond de verre. *Cahiers de l'IREA* (24), *Psychologie et Santé.*

Ministère des Sports et de l'Éducation physique du Cameroun — MINSEP (2021). *Annuaire statistique.* Division des études, de la planification et de la coopération du MINSEP.

Nteppe Kassi, J. (2022).ÉLECTIONS :CES FEMMES QUI VEULENT MANAGER LES FÉDÉRATIONS. *Sportenun info.*

Oloa Ndi, C. A. (2020). *Femmes, leadership et développement au Cameroun : Images, perceptionsetréalités.*MémoiredemaîtriseenMondialisationetDéveloppementInternational. Faculté des études supérieures et postdoctorales — Université d'Ottawa.

Organisation des Nations Unies — ONU. (1948). *Déclaration universelle des droits de l'Homme.*

Organisation des Nations Unies —ONU.(2015).*Agenda 2030.*

Organisation des Nations Unies pour l'éducation, la science et la culture— UNESCO(1978). *Charte internationale de l'éducation physique et du sport.*

Organisation des Nations Unies — ONU. (1983). *Convention sur l'élimination de toutes les formes de discrimination à l'égard des femmes.*

Organisation mondiale de la santé — OMS. (2001). *Classification Internationale du Fonctionnement, du handicap et de la santé — CIF.* OMS.

Rawls,J. (1971).*Théorie de la justice.* Leseuil.

Rguibi, K., & Atid, A. (2021). Femmes et leadership. Dans *Revue Internationale des Sciences de Gestion*, 4 (2), pp. 908 — 934.

Rigar, S.M., Ejjanoui, F., & Smouni, R. (2010). Chapitre 4 : L'intégration de la femme au développement humain par le sport : le cas du Maroc. Dans M.Lachheb (dir.), *Genre et sport en Afrique : Entre pratiques et politiques publiques.*

Smith,S. (2022).*Unleadershipquitientcomptedesquestionsdegenredanslesopérationsde paix des Nations Unies ouvre-t-il vraiment la voie au changement?* International Peace Institute – IPI.

Swaine, A., & O'Rourke, C. (2015).Guide book on CEDAW General Recommendation N° 30 and the UN Security Council Resolutions on Women, Peace and Security [Guide sur la recommandation générale N°30 de la CEDEF et les résolutions du Conseil de sécurité de l'ONU sur les femmes, la paix et la

sécurité]. *ONU Femmes.*
Union européenne. (2022/C).*JournalofficieldelʼUnionEuropéenne*,170(1).
Wassouo, E. (2017). *Représentations du leadership politique féminin et différences culturelles : comparaison entre la France et le Cameroun.* Thèse de Doctorat en PSYCHOLOGIE TRAVAIL ERGONOMIE. Université Grenoble Alpes et Université de Yaoundé 1.
www.lebledparle.com consultéledimanche28janvier2024à07h52.
www.un.orgconsultéle dimanche7janvier2024 à14h40.
Zanga,Y. (28 février2023).Nanbudo: Justine Diffo élue. *Cameroon Tribune.*

Structures éditoriales du groupe L'Harmattan

L'Harmattan Italie
Via degli Artisti, 15
10124 Torino
harmattan.italia@gmail.com

L'Harmattan Hongrie
Kossuth l. u. 14-16.
1053 Budapest
harmattan@harmattan.hu

L'Harmattan Sénégal
10 VDN en face Mermoz
BP 45034 Dakar-Fann
senharmattan@gmail.com

L'Harmattan Cameroun
TSINGA/FECAFOOT
BP 11486 Yaoundé
inkoukam@gmail.com

L'Harmattan Burkina Faso
Achille Somé – tengnule@hotmail.fr

L'Harmattan Guinée
Almamya, rue KA 028 OKB Agency
BP 3470 Conakry
harmattanguinee@yahoo.fr

L'Harmattan RDC
185, avenue Nyangwe
Commune de Lingwala – Kinshasa
matangilamusadila@yahoo.fr

L'Harmattan Congo
219, avenue Nelson Mandela
BP 2874 Brazzaville
harmattan.congo@yahoo.fr

L'Harmattan Mali
ACI 2000 - Immeuble Mgr Jean Marie Cisse
Bureau 10
BP 145 Bamako-Mali
mali@harmattan.fr

L'Harmattan Togo
Djidjole – Lomé
Maison Amela
face EPP BATOME
ddamela@aol.com

L'Harmattan Côte d'Ivoire
Résidence Karl – Cité des Arts
Abidjan-Cocody
03 BP 1588 Abidjan
espace_harmattan.ci@hotmail.fr

Nos librairies en France

Librairie internationale
16, rue des Écoles
75005 Paris
librairie.internationale@harmattan.fr
01 40 46 79 11
www.librairieharmattan.com

Librairie des savoirs
21, rue des Écoles
75005 Paris
librairie.sh@harmattan.fr
01 46 34 13 71
www.librairieharmattansh.com

Librairie Le Lucernaire
53, rue Notre-Dame-des-Champs
75006 Paris
librairie@lucernaire.fr
01 42 22 67 13

www.ingramcontent.com/pod-product-compliance
Lightning Source LLC
LaVergne TN
LVHW021218061026
849535LV00008B/2806